跟着节气读唐诗

○ 秦金华 温潇 主编

图书在版编目（CIP）数据

跟着节气读唐诗/秦金华，温潇主编．—广州：广东教育出版社，2018.7（2020.10重印）
ISBN 978-7-5548-2231-9

Ⅰ．①跟… Ⅱ．①秦… ②温… Ⅲ．①唐诗—中学—课外读物 Ⅳ．①G634.303

中国版本图书馆CIP数据核字（2018）第060613号

责任编辑：郝琳琳 柴 瑶
责任技编：涂晓东
装帧设计：邓君豪

GENZHE JIEQI DUTANGSHI
跟着节气读唐诗

广东教育出版社出版发行
（广州市环市东路472号12-15楼）
邮政编码：510075
网址：http://www.gjs.cn
广东新华发行集团股份有限公司经销
天津创先河普业印刷有限公司印刷
（天津宝坻经济开发区宝中道北侧5号5号厂房）
787毫米×1092毫米 32开本 6.5印张 130 000字
2018年7月第1版 2020年10月第4次印刷
ISBN 978-7-5548-2231-9
定价：28.00元
质量监督电话：020-87613102 邮箱：gjs-quality@gdpg.com.cn
购书咨询电话：020-87615809

向阳而生,为诗而歌

阳光总能让人想起生命和活力。崇尚太阳的古人们,通过了解太阳运动轨迹,结合天气和作物的生长情况,总结并创造了许多经验以应对农业生活中的种种难题。其中,最具代表性的当属先秦时期开始订立、汉代完全确立的二十四节气——立春、雨水、惊蛰、春分、清明、谷雨、立夏、小满、芒种、夏至、小暑、大暑、立秋、处暑、白露、秋分、寒露、霜降、立冬、小雪、大雪、冬至、小寒、大寒。

自这些精炼的代名词问世以来,它们的职能变得丰富多彩,除了指导农事,还是文人雅士们表情达意的重要媒介,他们借助这些特定的时节和气候表达着自己独具一格的情感。

说到表情达意,不禁让人想到中国古代瑰丽的文学史。从《诗经》到汉赋,从唐诗到宋词,从元曲到明清小说，情感丰富的人们用文字，为生活的点滴赋予了那个时代专属的情怀。其中，最具意境又不失生活色彩的，许是唐诗了，它语句精炼，但意象幽深；它朗朗上口，且别具风味。

　　立足于生活，方能感知诗意的本真。二十四节气是劳动人民智慧的结晶，而唐诗是文人雅士们留给中华文化宝库的明珠。跟着节气读唐诗，为普通平凡的生活增添一份诗意；在唐诗中融入节气，让诗意得以立足生活，充满内涵而非空吟。所有的伟大都源于平凡，也终将归于平淡。唐诗若脱离现实生活，空余浪漫便难免造作；节气若无人问津，沦为工具难免有失色彩。

　　当二十四节气的零星火点与瑰丽的唐诗烟花交接在一起，生活点燃诗情，绽放在眼前的便是缤纷的焰火了。诚邀大家一起品味文化烟火盛宴！

2018 年 5 月

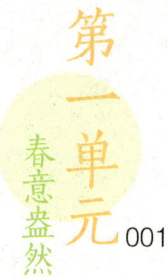

第一单元 春意盎然 001

目录

立春
- 004 立春日酬钱员外曲江同行见赠
- 006 立春日晨起对积雪
- 008 立春

雨水
- 012 春夜喜雨
- 014 早春呈水部张十八员外
- 016 下邽庄南桃花

惊蛰
- 020 闻雷
- 022 观田家
- 024 义雀行和朱评事

春分
- 028 咏柳
- 030 春分与诸公同宴呈陆三十四郎中
- 032 赋得巢燕送客

清明
- 036 清明
- 038 清明即事
- 040 清明夜

谷雨
- 044 与崔二十一游镜湖寄包贺二公
- 046 春中途中寄南巴崔使君
- 048 芍药

第二单元

夏日炎炎 051

立夏
- 054 嵩山寻冯炼师不遇
- 056 立夏日忆京师诸弟
- 058 采莲曲

小满
- 062 咏蚕
- 064 咏廿四气诗·小满四月中
- 066 杂曲歌辞·荆州乐

芒种
- 070 中庭
- 072 北固晚眺
- 074 芒种五月节

夏至
- 078 竹枝词
- 080 夏至日作
- 082 夏至避暑北池

小暑
- 086 夏日对雨寄朱放拾遗
- 088 夏日南亭怀辛大
- 090 小暑六月节

大暑
- 094 销夏
- 096 夏日闲放
- 098 山亭夏日

第三单元 秋风萧瑟 101

立秋
- 104 立秋日登乐游园
- 106 立秋后题
- 108 早秋客舍

处暑
- 112 中元夜泊淮口
- 114 早秋曲江感怀
- 116 中元日赠张尊师

白露
- 120 出门行二首（其一）
- 122 月夜忆舍弟
- 124 玉阶怨

秋分
- 128 再过王辂原居纳凉
- 130 晚晴
- 132 夜喜贺兰三见访

寒露
- 136 和王涣秋夜有所思
- 138 八月十五夜桃源玩月
- 140 芙蓉亭

霜降
- 144 泊舟盱眙
- 146 九日登李明府北楼
- 148 赋得九月尽（秋字）

第四单元 岁暮天寒 151

立冬
- 154 早冬
- 156 立冬
- 158 早寒

小雪
- 162 韦润州后亭海榴
- 164 小雪
- 166 虹藏不见

大雪
- 170 舟中夜雪有怀卢十四侍御弟
- 172 嘲王历阳不肯饮酒
- 174 对雪

冬至
- 178 钱唐永昌
- 180 小至
- 182 邯郸冬至夜思家

小寒
- 186 晚泊湘江
- 188 渭州送人先归
- 190 穷冬曲江闲步

大寒
- 194 元次山居武昌之樊山新春大雪以诗问之
- 196 村居苦寒
- 198 苦寒吟

第一单元

春意盎然

谷雨　清明　春分　惊蛰　雨水　立春

春至人间,
万物春回。
微信扫描二维码,
聆听立春的脚步。

立春,二十四节气中的第一个节气,时间为每年农历正月初一前后(公历2月3—5日),此时太阳到达黄经315°。

立春后气温回升,春耕大忙季节在全国大部分地区陆续开始。中国传统将立春的十五天分为三候:"一候东风解冻;二候蛰虫始振;三候鱼陟负冰。"即自立春日开始,东风送暖,大地开始解冻;五日后,蛰居的虫类慢慢地苏醒;再过五日,河里的冰开始融化,鱼开始到水面上游动,此时水面仍有未完全融化的碎冰片,如同被鱼背负着一般浮在水面。

春风送暖,鸟语花香。有关立春时节的唐诗,多通过描绘春天万物复苏之景来表达作者的愉悦心境和闲适之情。

立春日酬钱员外曲江同行见赠

白居易

下直遇春日,垂鞭出禁闱①。
两人携手语,十里看山归。
柳色早黄浅,水文新绿微。
风光向晚②好,车马近南稀。
机尽笑相顾,不惊鸥鹭飞。

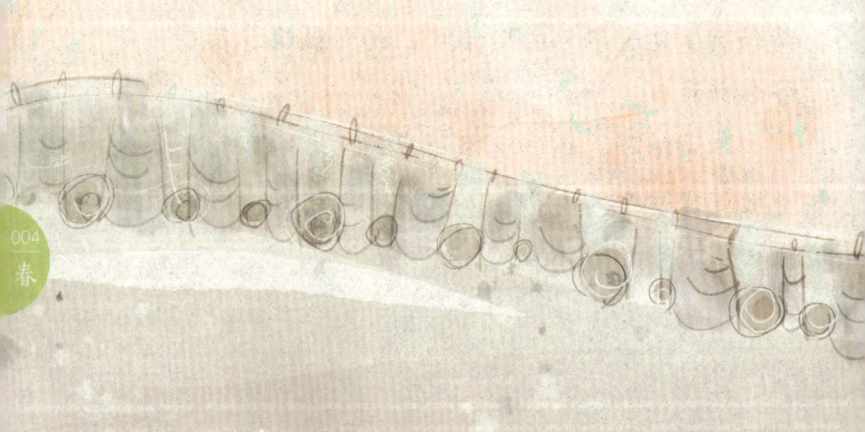

诗人简介

白居易（772—846），字乐天，号香山居士，是唐代伟大的现实主义诗人。官至翰林学士、左赞善大夫。他的诗歌题材广泛，形式多样，语言平易通俗。有《白氏长庆集》传世，代表诗作有《长恨歌》《卖炭翁》《琵琶行》等。

词语解释

①垂鞭出禁闱：指忙完公务走出朝堂。禁闱，宫廷门户，指宫内或朝廷。
②向晚：天色将晚，指傍晚。

诗意解读

诗人在立春这一天，忙完公务走出朝堂，策马南行，一路看山，与同僚友人谈笑甚欢。春光迤逦，柳色浅黄，春水微漾。傍晚时分，行人稀少，鸥鹭惊飞，风光无限，心情愉悦。此诗的语言浅显，意境清新。

立春日晨起对积雪

张九龄

忽对林亭雪,瑶华①处处开。
今年迎气始,昨夜伴春回。
玉润窗前竹,花繁院里梅。
东郊斋祭所,应见五神②来。

立春

诗人简介

张九龄（678—740），字子寿，一名博物，韶州曲江（今广东韶关）人，唐开元盛世最后一位丞相。长安年间进士，官至中书侍郎、同中书门下平章事、中书令。后罢相，为荆州长史。是一位有胆识、有远见的著名政治家、文学家、诗人、名相。忠耿尽职，秉公守则，直言敢谏，选贤任能，不徇私枉法，不趋炎附势，敢与恶势力做斗争，为"开元之治"做出了积极贡献。其诗风清淡，有《曲江集》。其五言诗，以素练质朴的语言，寄托深远的人生慨望，对扫除唐初所沿袭的六朝绮靡诗风，贡献尤大，被誉为"岭南第一人"。

词语解释

①瑶华：喻指霜、雪。
②五神：五位神佛，常将其绘制于家堂神画佛祖漆上，与自家所祀神明一同，晨昏祭祀。这五位神佛分别为观音菩萨、天上圣母、关圣帝君（或玄天上帝）、灶君、土地神。

立 春

韦庄

青帝①东来日驭迟,暖烟轻逐晓风吹。
翩②袍公子樽③前觉,锦帐佳人梦里知。
雪圃乍开红菜甲,彩幡④新翦⑤绿杨丝。
殷勤为作宜春曲,题向花笺⑥帖绣楣。

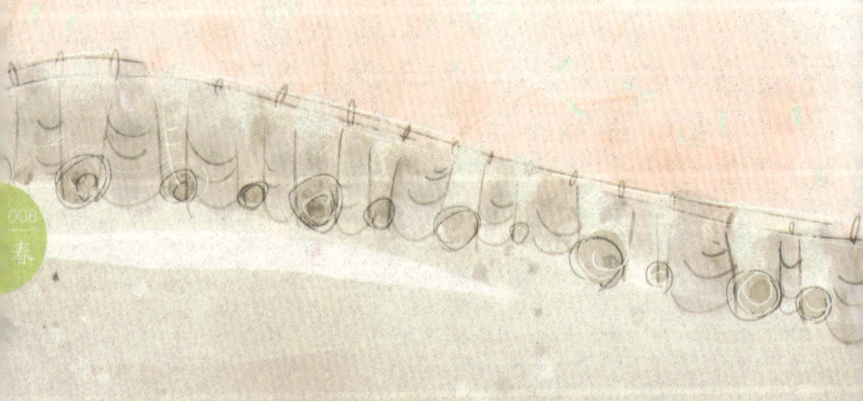

立春

诗人简介

韦庄（约836—约910），字端己，长安杜陵（今陕西西安附近）人，乾宁元年（894）进士，此前曾游历各地。曾任校书郎、左补阙等职。后入蜀，为王建掌书记。王氏建立前蜀，他做过宰相，终于蜀。其诗词极富画意，词尤工。与温庭筠同为"花间派"重要词人，有《浣花集》存世。

词语解释

①青帝：我国古代神话中的五天帝之一，是位于东方的司春之神，又称苍帝、木帝。
②罽（jì）：用毛做成的毡子一类的东西。
③樽（zūn）：古代盛酒的器具。
④彩幡（fān）：彩旗。
⑤翦（jiǎn）：同"剪"。
⑥笺（jiān）：小幅华贵的纸张，古时用以题咏或写书信。

诗意解读

此诗描写了春到人间草木先知，春风暖烟轻入梦的景象，及诗人开轩饮酒吟春之闲情。

熟读精思

1. 诗中有哪些描写立春时节景色的词语？
2. 此诗的景物描写有什么特点？
3. 此诗表达了诗人怎样的情感？

烟雨蒙蒙，
大地回春。
微信扫描二维码，
感受雨水的温润。

雨水,二十四节气中的第二个节气,时间为每年农历正月十五前后(公历2月18—20日),此时太阳到达黄经330°。

雨水节气后,气温回升、冰雪融化、降水增多。中国传统将雨水的十五天分为三候:"一候獭祭鱼;二候鸿雁来;三候草木萌动。"即进入雨水节气,水獭开始捕鱼;五日后,大雁开始从南方飞回北方;再过五日,在"润物细无声"的春雨中,草木开始抽出嫩芽,从此,大地渐渐呈现出一派欣欣向荣的景象。

雨水过后,春回大地,春暖花开。唐诗中不乏对春雨的描写,诗人们大都采用各式各样的手法,细腻生动地描绘初春小雨的景象,意境清新悠远。

春夜喜雨

杜甫

好雨知时节，当春乃发生。
随风潜入夜，润物细无声。
野径云俱黑，江船火独明。
晓看红湿处，花重锦官城。

诗人简介

杜甫（712—770），字子美，自号少陵野老。祖籍襄阳，河南巩县（今河南巩义）人。唐代伟大的现实主义诗人，与李白合称"李杜"。后世称其杜拾遗、杜工部，也称杜少陵、杜草堂。在中国古典诗歌中有着深远影响，被后人称为"诗圣"，其诗被称为"诗史"。留存有约一千五百首诗歌，大多集于《杜工部集》。

诗意解读

这首诗写于唐肃宗上元二年（761）春。诗人在经过一段流离转徙的生活后，终因陕西旱灾而到四川成都定居，在蜀中开始了一段较为安定的生活。作此诗时，他已在成都草堂定居两年。他亲自耕作，种菜养花，与农民交往，对春雨之情很深，因而写下了这首描写春夜降雨、润泽万物的美景诗作。

此诗运用拟人手法，以极大的喜悦之情细致地描绘了春雨的特点和成都夜雨的景象，热情地讴歌了来得及时、滋润万物的春雨。诗中对春雨的描写，体物精微，细腻生动，绘声绘形。全诗意境淡雅，意蕴清幽，诗境与画境浑然一体，是一首传神入化、别具风韵的咏雨诗。

早春呈①水部张十八员外②

韩愈

天街③小雨润如酥④,草色遥看近却无。
最是⑤一年春好处⑥,绝胜⑦烟柳满皇都。

雨水

诗人简介

韩愈（768—824），字退之，河南河阳（今河南孟州）人，自称"郡望昌黎"，世称"韩昌黎""昌黎先生"。杰出的文学家、思想家、哲学家和政治家。著有《韩昌黎集》四十卷，《外集》十卷，《师说》等。

词语解释

①呈：恭敬地送给。
②水部张十八员外：指张籍（766—830），唐代诗人。在同族兄弟中排行第十八，曾任水部员外郎。
③天街：京城街道。
④润如酥：细腻如酥。酥，动物的油，这里形容春雨的细腻。
⑤最是：正是。
⑥处：时。
⑦绝胜：远远胜过。

诗意解读

这是一首描写和赞美早春美景的七言绝句。首句点出初春小雨，以"润如酥"来形容它的细滑润泽，准确地捕捉到它的特点。造句清新优美，与杜甫的"好雨知时节，当春乃发生。随风潜入夜，润物细无声"有异曲同工之妙。

下邽①庄南桃花

白居易

村南无限桃花发,唯我多情独自来。
日暮风吹红满地,无人解惜为谁开。

词语解释

①下邽（guī）：陕西省渭南市临渭区下邽镇，位于临渭区北部。因唐代大诗人白居易、名将张仁愿和北宋名相寇准或出生于此，或在此地生活过，素有"三贤故里"之称。

诗意解读

诗人独自来到下邽庄南边赏桃花。傍晚时分，春风细雨掠过，落下满地残花。诗人想，大概没有人会在意这花到底为谁而开了吧。此诗表达了诗人伤春惜时的情感。

熟读精思

1. 诗句中哪些词可以体现时令和天气？
2. "无人解惜为谁开"一句有何深意？

惊蛰时节，
春雷惊动。
微信扫描二维码，
在一首诗中醒来。

惊蛰,二十四节气中的第三个节气,时间为每年的3月5日或6日,此时太阳到达黄经345°,标志着仲春时节的开始。

到了惊蛰节,蛰虫惊醒,天气转暖,渐有春雷。"春雷响,万物长。"惊蛰也是越冬作物返青和春夏播种的农作物备耕的重要时节,此时中国大部分地区进入春耕季节。中国传统将惊蛰的十五天分为三候:"一候桃始华;二候仓庚鸣;三候鹰化为鸠。"桃花盛开,黄鹂鸣唱,鹰和鸠开始繁殖。

"到了惊蛰节,锄头不停歇。"与惊蛰节气相关的唐诗,多描写劳动人民春耕农忙之景。

闻 雷

白居易

瘴①地风霜早,温天气候催。
穷冬不见雪,正月已闻雷。
震蛰虫蛇出,惊枯草木开。
空馀②客方寸③,依旧似寒灰④。

惊蛰

词语解释

①瘴（zhàng）：瘴气，热带山林中的湿热空气。
②馀（yú）：同"余"。
③方寸：指内心世界，心神。
④寒灰：指死灰，物质完全燃烧后留剩的灰烬，比喻不生欲望之心或对人生已无任何追求。

熟读精思

1. 哪些诗句体现了惊蛰节气？描写了惊蛰时的哪些特点？
2. 你从诗中读出了怎样的情感？
3. 请用自己的话写出全诗诗意。

观 田 家

韦应物

微雨众卉①新,一雷惊蛰始。
田家几日闲,耕种从此起。
丁壮俱在野,场圃②亦就理。
归来景常晏③,饮犊④西涧水。
饥劬⑤不自苦,膏泽且为喜。
仓廪⑥无宿储,徭役犹未已。
方惭不耕者,禄食出闾里⑦。

惊蛰

诗人简介

韦应物（737—792），长安（今陕西西安）人。文昌右相韦待价曾孙，出身京兆韦氏逍遥公房。因出任过苏州刺史，世称"韦苏州"。今传有十卷本《韦江州集》、两卷本《韦苏州诗集》、十卷本《韦苏州集》。散文仅存一篇。诗风恬淡高远，以善于写景和描写隐逸生活著称。

词语解释

①卉（huì）：草的总称，花卉。
②圃（pǔ）：种植菜蔬、花草、瓜果的园子。
③晏（yàn）：迟，晚。
④犊（dú）：小牛。
⑤劬（qú）：劳累。
⑥廪（lǐn）：粮仓。
⑦闾（lú）里：古代二十五家为一闾。闾里，指乡里。

诗意解读

诗的大意是：春雨过后，所有的花卉都焕然一新。一声春雷，蛰伏在土壤中冬眠的动物都被惊醒了。农民没过几天悠闲的日子，春耕就开始了。自惊蛰之日起，他们就得起早摸黑地忙于农活。健壮的青年都到田地里去干活了，留在家里的女人、小孩就把家门口的菜园子收拾收拾，准备种菜了。他们每天都忙忙碌碌的，回到家天已经很晚了，还得把牛牵到村子西边的溪沟里让它饮水。这样又累又饿，他们却不觉得苦，只要看到被雨水滋润过的禾苗就觉得很是欢喜。可是即使他们整日这样忙碌，家里也没有隔夜的粮食，而劳役却是没完没了。看着这些，诗人想起自己不从事耕种，但是俸禄却来自乡里，心中深感惭愧。

义雀行和朱评事

贾岛

玄鸟雄雌俱,春雷惊蛰馀。
口衔黄河泥,空即翔天隅①。
一夕皆莫归,哓哓②遗众雏。
双雀抱仁义,哺食劳劬劬③。
雏既逦迤④飞,云间声相呼。
燕雀虽微类,感愧诚不殊。
禽贤难自彰,幸得主人书。

诗人简介

贾岛（779—843），字浪仙，人称"诗奴"，又名瘦岛。唐朝河北道幽州范阳县（今河北涿州）人。早年出家为僧，号无本，后还俗，自号碣石山人。但后又普州司仓参军，卒于任所。其诗精于雕琢，喜写荒凉、枯寂之境，多凄苦情味，自谓"两句三年得，一吟双泪流"。有《长江集》十卷，录诗三百七十余首。另有小集三卷、《诗格》一卷传世。

词语解释

①天隅（yú）：天边。
②哓（xiāo）哓：因为害怕而乱喊乱叫的声音。
③劬（qú）劬：劳苦的样子。
④逦迤（lǐ yǐ）：连续不断，曲折连绵。

诗意解读

本诗选自《全唐诗》。诗人更多地描写了自然景物和闲居情致，结合他多次考进士都未中的经历，侧面反映了诗人怀才不遇、壮志难酬的心情，营造了清奇凄苦的意境。

唯春光与诗词不可辜负，
微信扫描二维码，
吟诵春分好风光。

春分,是春季九十天的中分点,正当春季三个月的中间,平分了春季,故称春分。时间在每年公历3月20日或21日,此时太阳位于黄经360°,又是0°位置时。

春分这一天,太阳几乎直射地球赤道,全国各地几乎昼夜等长。此时,杨柳婀娜,草长莺飞,桃红李白迎春黄,一派勃勃生机。中国传统将春分的十五天分为三候:"一候玄鸟至;二候雷乃发声;三候始电。"春分后,燕子从南方飞回,下雨时雷声滚滚,闪电阵阵。

春分节气,阳光明媚,出游踏青。诗人多在春分时节描摹春景,进而表达自己对春天的感怀。

咏 柳

贺知章

碧玉妆成一树高,万条垂下绿丝绦。
不知细叶谁裁出,二月春风似剪刀。

春分

诗人简介

贺知章（约659—约744），字季真，晚年自号四明狂客，唐代著名诗人、书法家，越州永兴（今浙江萧山）人。少时就以诗文知名。武则天证圣元年（695）中乙未科状元，授予国子四门博士，迁太常博士。后历任礼部侍郎、秘书监、太子宾客等职。为人旷达不羁，与张若虚、张旭、包融并称"吴中四士"。其诗文以绝句见长，除祭神乐章、应制诗外，其写景、抒怀之作风格独特，清新潇洒，著名的《咏柳》《回乡偶书》两首脍炙人口，千古传诵，作品大多散佚，《全唐诗》录其诗十九首。

诗意解读

这首咏物诗写的是早春二月的杨柳。诗中借柳树歌咏春风，把春风比作剪刀，说它是美的创造者，赞美它裁出了春天。诗的结构独具匠心，先写对柳树的总体印象，再写到柳条，最后写柳叶，由总到分，条序井然。在语言的运用上，既晓畅，又华美。

春分与诸公同宴呈陆三十四郎中

武元衡

南国宴佳宾,交情老倍亲。
月惭红烛泪,花笑白头人。
宝瑟①常馀②怨,琼③枝不让春。
更闻歌子夜,桃李艳妆新。

诗人简介

武元衡（758—815），诗人、政治家，字伯苍，缑（gōu）氏（今河南偃师东南）人。武则天曾侄孙。

词语解释

①宝瑟：瑟的美称。
②馀：不尽的，未完的。
③琼（qióng）：传说中的玉树。琼，美玉。

诗意解读

诗人在春分日和私交甚好的人同宴于南国之地。月光渐淡，红烛燃落如泪，月下盛开的花似在讥笑已然白头的人。宴会上弹奏的宝瑟之声透着无尽的哀怨，美好的花树纷纷与春斗艳。直至子夜时分，还有盛装打扮的美貌女子献歌。

赋得巢燕送客

钱起

能栖杏梁①际②,不与黄雀③群。
夜影寄红烛,朝飞高碧云。
含情别故侣,花月惜春分。

诗人简介

钱起（约722—780），字仲文，汉族，吴兴人。曾任考功郎中，故世称"钱考功"。大历十才子之一，被誉为"大历十才子之冠"。

词语解释

①杏梁：杏木做成的屋梁，泛指华丽的屋宇。
②际：靠边或分界的地方。
③黄雀：春天的信灵，古诗中常用于颂春、惜春、伤春。有时又有离别之意。

诗意解读

这首诗是春分时节，诗人送给即将离别的朋友的诗，借燕子比喻友人，表达离别之意，伤春之情。燕子能够栖息在屋梁的边角，并不与春天的使者黄雀结群而居。夜晚在红烛的映照下投映出影子，而白天又可以飞往万里晴空。在这春分之际，花月尚且惜春，而诗人只能怀着复杂的心情与友人道别。

微信扫描二维码,
听风听雨过清明。

清明,又称踏青节,是二十四节气的第五个节气。清明节气在仲春与暮春之交,每年公历4月4日或5日,此时太阳到达黄经15°。

"清明"一词有草木青青,天气清澈明朗,万物欣欣向荣的含义。清明一到,气温升高,雨量增多,正是春耕春种的大好时节,故有"清明前后,种瓜点豆""植树造林,莫过清明"的农谚。中国传统将清明的十五天分为三候:"一候桐始华;二候田鼠化为鴽(rú);三候虹始见。"即桐树开始开花;田鼠躲回洞穴,鹌鹑开始出来活动;彩虹出现。

清明也是祭祖和扫墓的日子。清明时节的相关唐诗中除描绘清明春雨之景,也有不少表现了扫墓祭祖、踏青春游的主题。

清 明

杜牧

清明时节雨纷纷,路上行人欲断魂。
借问酒家何处有?牧童遥指杏花村。

清明

诗人简介

杜牧（803—约852），字牧之，号樊川居士，京兆万年（今陕西西安）人。杰出诗人、散文家。宰相杜佑之孙，杜从郁之子。唐文宗大和二年（828）中进士，授弘文馆校书郎。因晚年居长安南樊川别墅，故后世称"杜樊川"，著有《樊川文集》。其诗歌以七言绝句著称，内容以咏史抒怀为主，英发俊爽，多切经世之物，在晚唐成就颇高。与李商隐并称"小李杜"，以别于李白、杜甫的"大李杜"。

诗意解读

此诗描写清明春雨中所见，色彩清淡，心境凄冷，历来广为传诵。第一句交代情景、环境、气氛；第二句写出了人物，显示了人物的凄迷纷乱的心境；第三句提出了如何摆脱这种心境的办法；第四句写答话带行动，是整篇的精彩所在。全诗运用由低到高，逐步上升，高潮顶点放在最后的手法，余韵邈然，耐人寻味。

清明即事

孟浩然

帝里^①重清明，人心自愁思。
车声上路合，柳色东城翠。
花落草齐生，莺飞蝶双戏。
空堂坐相忆，酌茗^②聊代醉^③。

诗人简介

孟浩然（689—740），襄州襄阳人，世称"孟襄阳"。因未曾入仕，又被称为"孟山人"。与王维并称"王孟"。其诗清淡，长于写景，多反映山水田园和隐逸、行旅等内容，绝大部分为五言短篇，在艺术上有独特的造诣。有《孟浩然集》三卷。

词语解释

①帝里：犹言帝都、京都。
②酌茗（zhuó míng）：喝茶。酌，斟酒。茗，茶。
③代醉：以喝茶畅聊代饮酒畅聊。

诗意解读

诗的大意是：京城一年一度又是清明，人们的心里自然就起了忧愁思念。马车声在路上嘈杂地响着，东城的郊外杨柳一片青翠。花开了，草长了，鸟儿在飞，蝴蝶成双成对地在嬉戏。诗人坐在空空的大堂里回忆往昔，以茶代酒，喝着聊着。融融春光下的诗人抒写了无尽的感慨，个中滋味令人咀嚼不尽：想入仕途却又忐忑不安；欲走进无拘无束的大自然，却又于心不甘。种种矛盾的情绪扭结在一起，寓情于景，寓情于境，自然而传神地表达出诗人微妙、复杂的内心世界。

清 明 夜

白居易

好风胧月清明夜①,碧砌②红轩③刺史家。
独绕回廊行复歇,遥听弦管暗看花。

词语解释

①清明夜：清明节的夜晚。
②砌：台阶。
③轩（xuān）：有窗的长廊或小室。

诗意解读

清明节的夜晚，清风习习，月夜朦胧，用碧玉做成的台阶和用红色的砖砌成的长廊是刺史的府宅。诗人独自步行在回旋的走廊中唱歌，远远听到弦声，默默地欣赏花。

熟读精思

本诗表现了诗人清明夜时怎样的思想感情？

微信扫描二维码,
谷雨时节,
在诗中与春天告别。

谷雨,二十四节气的第六个节气,也是春季最后一个节气。时间在每年公历4月19—21日之间,太阳到达黄经30°时。

谷雨节气的到来意味着寒潮天气基本结束,气温回升加快,有利于谷类农作物的生长。中国传统将谷雨分为三候:"一候萍始生;二候鸣鸠拂其羽;三候戴胜降于桑。"即谷雨后降水量增多,浮萍开始生长,接着布谷鸟便开始提醒人们播种了,然后桑树上就开始见到戴胜鸟。

"暮春三月,江南草长;杂花生树,群莺乱飞。"谷雨节气的相关唐诗,主要描写百花盛开之景和农桑繁忙的暮春之情。

与崔二十一①游镜湖寄包贺②二公

孟浩然

试览镜湖物,中流到底清。
不知鲈鱼味,但③识鸥鸟情。
帆得樵风送,春逢谷雨晴。
将探④夏禹穴,稍背⑤越王城⑥。
府掾⑦有包子,文章推贺生。
沧浪醉后唱,因此寄⑧同声。

词语解释

①崔二十一：即崔国辅。
②包贺：指包户曹，贺朝。此诗当作于游会稽之初。
③但：只。
④将探：打算探索。将，想要，打算。探，探寻。
⑤背：离开。
⑥越王城：在今浙江绍兴市东南会稽山上。
⑦府掾（yuàn）：州府之佐吏。
⑧寄：动词，传送，传达。

诗意解读

谷雨是春天的最后一个节气，这时候春天已经接近尾声。诗人在谷雨这一天，正赶上天晴，是春游的大好日子，于是与朋友一起游览镜湖，清澈的湖水，能看清水中的游鱼。湖上的水鸟叫声啾啾，像是在和人交流感情。风吹得船帆鼓鼓的，一路观看了夏禹穴和越王城等历史遗迹。诗人游历后，记录下自己的感受，寄送给没去游览的朋友，与朋友同乐。

春中途中寄南巴崔使君

周朴

旅人游汲汲①,春气又融融。
农事蛙声里,归程草色中。
独惭出谷雨,未变暖天风。
子玉和予去,应怜②恨不穷③。

谷雨

诗人简介

周朴(?—878),字见素,一作太朴,福州长乐人。《全唐诗》作吴兴(今湖州)人。唐末诗人,生性喜欢吟诗,尤其喜欢苦涩的诗风。其工于诗,无功名之念,隐居嵩山,寄食寺庙中当居士,常与山僧钓叟相往还。与诗僧贯休、方干、李频为诗友。

词语解释

①汲汲:形容心情急切、努力追求。
②怜:同情,怜悯。
③穷:穷尽,用尽。

熟读精思

1. 请用自己的话说一说,此诗刻画了一幅怎样的画面?
2. 诗的最后一句表达了诗人怎样的思想感情?

芍 药

王贞白

芍药承①春宠,何曾②羡牡丹。
麦秋③能几日,谷雨只微寒。
妒态风频起,娇妆露欲残。
芙蓉浣纱伴,长恨隔波澜。

诗人简介

王贞白（875—958），字有道，号灵溪，信州永丰（今江西广丰）人。唐末五代十国著名诗人。唐乾宁二年（895）登进士，七年后（902）授职校书郎，尝与罗隐、方干、贯休同倡和。著有《灵溪集》七卷行世，今编诗一卷。其名句"一寸光阴一寸金"，至今广为流传。

词语解释

①承：承受，承接。
②何曾：用反问的语气表示未曾。
③麦秋：麦子成熟的时候，一般在夏季，麦秋桑叶大，梅雨稻田新。

诗意解读

诗的大意是：芍药终日承接着春日恩宠，什么时候羡慕过牡丹呢？麦秋之时并没有几日，谷雨时节也只有丝丝寒意。风都嫉妒芍药的恩宠，只得频频刮起，此番摧残下，本来娇媚的妆容露出了些许残痕。如芙蓉一样美好的女子只能浣纱，隔着浮动的流水，绵绵怜恨无处消除。诗人以美好的愿望开始，以没有希望的叹息结尾，先扬后抑，营造了一种很茫然的意境。

第二单元

夏日炎炎

| 大暑 | 小暑 | 夏至 | 芒种 | 小满 | 立夏 |

生如立夏,
绚烂如光,
微信扫描二维码,
跟着立夏读唐诗。

立夏,二十四节气中的第七个节气,夏季的第一个节气。时间在每年公历5月5日或6日,此时太阳到达黄经45°。

立夏表示盛夏时节的正式开始,表示告别春天,进入到夏天了。因为中国幅员辽阔,此时南北温差仍然较大,不过温度普遍明显升高,炎暑将临,雷雨增多,农作物进入旺季生长。周朝时,立夏这天帝王要亲率文武百官到郊外"迎夏",并指令司徒等官去各地勉励农民抓紧耕作。中国传统将立夏分为三候:"一候蝼蝈鸣;二候蚯蚓出;三候王瓜生。"

立夏时节,是三阳开泰的日子。关于立夏时节的唐诗,较多地描写了相关的习俗和初夏之景。

嵩山寻冯炼师不遇

崔曙

青溪访道凌烟曙①,王子仙成已飞去。
更值空山雷雨时,云林薄暮②归何处。

立夏

诗人简介

崔曙（约704—739），河南登封人，唐开元二十三年（735）第一名进士，但只做过河南尉一类的小官。曾隐居河南嵩山。喜交游，与薛据等友善。其诗句对仗工整，辞气多悲。其诗多写景摹物，同时寄寓乡愁反思。

词语解释

①曙：天刚亮的样子。
②薄暮：临近傍晚。薄，接近。暮，傍晚。

诗意解读

天刚微微亮，雾气尚弥漫在山头之时，诗人便循着青溪上山寻访道友冯炼师。朋友却不知所踪，似乎已飞升而去。正逢空阔山中雷雨交加，已接近傍晚望着云林深处不知自己该去何方。

立夏日忆京师诸弟

韦应物

改序①念芳辰②,烦襟③倦日永。
夏木已成阴,公门昼恒静。
长风始飘阁④,叠云才吐岭⑤。
坐想离居人,还当惜徂景⑥。

立夏

词语解释

①改序:更换季节。序,时序。
②芳辰:指春天。
③烦襟:胸怀愁闷。
④飘阁:吹入楼阁。
⑤才吐岭:刚从山中升腾。
⑥徂(cú)景:指以往的时光。

诗意解读

立夏之日到来,诗人仍念着春日的美好,夏日昼长不免令人心烦意乱。葱葱绿木已成荫,衡门终日却十分冷清。一缕长风拂过阁楼,重叠的云层从山岭处显露出来。诗人独自坐在这里怀念已经离开的人,回忆以往的时光,发出理当珍惜的感慨。

采莲曲

白居易

菱叶萦波①荷飐②风,
荷花深处小船通③。
逢郎欲语低头笑,
碧玉搔头④落水中。

词语解释

①萦波:即漾波,回旋的水波。
②飐(zhǎn):风吹物使其颤动的样子。
③小船通:两只小船相遇。
④搔头:簪之别名。

诗意解读

《采莲曲》,乐府旧题,为《江南弄》七曲之一。内容多描写江南一带水国风光,采莲女子劳动生活情态,以及她们对纯洁爱情的追求等。

这首诗描写的是一位采莲姑娘腼腆的情态和羞涩的心理。前两句描绘了在风中婀娜舞动的荷叶荷花,以及荷花深处悠然划出的小船,后两句描绘采莲少女看见自己的情郎,正想说话但又突然止住,羞涩得低头微笑,一不小心,头上的碧玉簪儿落入了水中。

微信扫描二维码,
小满将至,
吟首诗给你。

小满
XIAOMAN

小满,二十四节气的第八个节气,夏季的第二个节气。每年公历5月20—22日间,太阳到达黄经60°时为小满。

小满意味着夏熟作物的籽粒开始灌浆饱满,但还未成熟。进入小满节气,南北温差逐渐缩小,降水增多。中国传统将小满分为三候:"一候苦菜秀;二候靡草死;三候麦秋至。"此时,苦菜已经枝叶繁茂,而糜草在强烈的阳光下开始枯死,而麦子开始成熟,新鲜的麦穗已可以尝到甘甜的味道。

小满时节的唐诗,多注重描写物候特征和农耕生活,再结合诗人的遭遇来表达特定的思想感情。

咏 蚕

蒋贻恭

辛勤得茧不盈①筐,灯下缲丝恨更长。
着②处不知来处苦,但③贪衣上绣鸳鸯。

诗人简介

蒋贻恭,一作诒恭,又作诏恭,江淮间人。唐末入蜀,因慷慨敢言,无媚世态,数遭流遣。后值蜀高祖孟知祥搜访遗才,起为大井县令。其诗诙谐俚俗,多寓讥讽。高祖末年,臣僚多尚权势,遂作诗讽之,高祖赞为"敢言之士也"。著有《咏安仁宰捣蒜》《咏虾蟆》《咏王给事》等,讥刺缙绅及轻薄之徒,为彼所恶,痛遭捶楚。《全唐诗》收录其诗十首。

词语解释

①盈:充满。
②着:穿。
③但:只,仅。

诗意解读

诗的大意是:养蚕的人辛勤劳作后得到的蚕蛹却不能装满筐,深夜在灯下缫丝,只遗憾抽不出更长的丝。穿衣的人不知道养蚕人的辛苦,只追求衣服上绣鸳鸯那样精美的花纹。

此诗讽刺了封建社会剥削阶级对劳动人民的残酷剥削,表达了对劳动人民的同情。

咏廿四气诗·小满四月中

元稹

小满气全时,如何靡草①衰。
田家私黍稷,方伯②问蚕丝。
杏麦修镰钐③,䦆笴④竖棘篱⑤。
向来⑥看苦菜,独秀也何为?

小满

诗人简介

元稹（779—831），字微之，河南洛阳人。其诗辞浅意哀，仿佛孤凤悲吟，极为扣人心弦，动人肺腑。其乐府诗创作，多受张籍、王建的影响，而其"新题乐府"则直接缘于李绅。名作有《莺莺传》《菊花》《离思五首》《遣悲怀三首》等。现存诗八百三十余首，收录诗赋、诏册、铭谏、论议等共一百卷，留世有《元氏长庆集》。

词语解释

①靡草：一种植物，因枝叶纤细而得名，容易随风而倒。

②方伯：是春秋时期的古汉语词汇，出自《礼记·王制》，原指一方诸侯之长，后泛指地方长官。

③镰钐（shàn）：均指把儿很长的大镰刀。

④铴笊（péng zhào）：此处指用铁丝、竹子制作的农具。

⑤棘篱：用荆棘做成的篱笆。

⑥向来：一贯如此。

诗意解读

诗的大意是：正是小满时节，为何靡草开始衰败呢？原来是农户们已经要准备收获作物了，地方长官也开始催问养蚕人蚕丝的情况。农户们用镰刀修剪收割杏麦，农具已经竖好在篱笆边上。可是为什么苦菜，却一直这样葱郁呢？

杂曲歌辞·荆州乐

李白

白帝城边足风波①,
瞿塘五月谁敢过?
荆州麦熟茧成蛾,
缲丝②忆君头绪③多,
拨谷④飞鸣奈妾何!

诗人简介

李白(701—762),字太白,号青莲居士,又号谪仙人。唐代伟大的浪漫主义诗人,被后人誉为"诗仙"。与杜甫并称为"李杜"。其性格爽朗大方,爱饮酒作诗,喜交友,有《李太白集》传世,代表作有《望庐山瀑布》《行路难》《蜀道难》《将进酒》《越女词》《早发白帝城》等多首。

词语解释

①风波:风和波浪。比喻生活或命运中所遭遇的不幸或盛衰变迁。
②缲(sāo)丝:缲,同"缫"。从泡在开水里的蚕茧中抽出丝。
③头绪:比喻心思意绪。
④拨谷:鸟名,即布谷鸟。

诗意解读

此诗体裁特殊,属于乐府杂体诗,特点是五句成诗,五句同韵。

诗人小满时节已到荆州。见到白帝城边风浪颇大,无人敢迎着这风浪过瞿塘峡继续前进。此时荆州的麦子已经见熟,蚕蛹已经破茧成蛾,缲丝的女子想着远方的丈夫心思意绪十分浓厚。布谷鸟飞来飞去鸣叫着,可女子也无可奈何。

联系诗人的境遇,此诗是诗人借女子望夫的愁绪来表达自己希望被上级所认可欣赏,能有所收获却未有所获的无奈和幽怨。

芒种四野，
仲夏已至，
微信扫描二维码，
在诗中播种希望。

芒种,二十四节气中的第九个节气,炎炎夏日的第三个节气。每年公历6月5—7日之间,太阳到达黄经75°时。

芒种,表示仲夏时节的正式开始,意思是"有芒的麦子快收,有芒的稻子可种",预示着农民开始忙碌的田间生活。进入该节气后,降雨量充沛,气温显著升高。中国传统将芒种分为三候:"一候螳螂生;二候鵙(jú)始鸣;三候反舌无声。"意思是螳螂在去年深秋产的卵破壳生出了小螳螂;伯劳鸟开始在枝头鸣叫;而反舌鸟此时却停止了鸣叫。

唐诗中写芒种时节的诗歌,诗人多描绘农民辛苦耕种的景象,并从侧面反映官僚阶级的闲适等情感。

中 庭

韩偓

夜短睡迟慵①早起,日高方始出纱窗。
中庭②自摘青梅子,先向钗头戴一双。

诗人简介

韩偓（约842—约923），晚唐五代诗人，乳名冬郎，字致光，号致尧，晚年又号玉山樵人，陕西万年县（今陕西樊川）人。自幼聪明好学，十岁时，曾即席赋诗送其姨夫李商隐，令满座皆惊，李商隐称赞其诗是"雏凤清于老凤声"。龙纪元年（889）中进士，初在河中镇节度使幕府任职，后入朝历任左拾遗、左谏议大夫、度支副使、翰林学士。

词语解释

①慵：困倦，慵懒的样子。
②中庭：庭院，庭院之中。

诗意解读

在芒种前后、青梅成熟之时，一位女子夜里睡得很迟，因而早上很困倦难以起来，直到太阳已经升得很高了才走出纱窗到中庭。她独自摘下已经成熟的青梅，没有食用，而是将青梅戴到自己的头上，思慕着自己的意中人。

诗人借女子思嫁表达了自己希望被朝廷赏识和重用的渴望。

北固晚眺

窦常

水国①芒种后,梅天风雨凉。
露蚕②开晚簇③,江燕绕危樯。
山趾④北来固,潮头西去长。
年年此登眺,人事几销⑤亡。

诗人简介

窦常（746—825），字中行，平陵（今陕西咸阳西北）人。大历十四年（779），登进士第。贞元十四年（798），为淮南节度使杜佑节度参谋，后历泉州府从事，由协律郎迁监察御史里行。元和中，佐薛苹、李众湖南幕，为团练判官、副使。入朝为侍御史、水部员外郎。八年出为朗州刺史，转夔、江、抚三州刺史，后除国子祭酒，致仕。其诗入《窦氏联珠集》，《全唐诗》存诗二十六首。与其兄弟牟、群、庠和巩并称"五窦"。

词语解释

①水国：水乡。
②露蚕：户外饲育的蚕。
③簇：通"蔟"，蚕山。
④趾：山脚。
⑤销：通"消"。

诗意解读

芒种节气后的水乡，黄梅天气风雨微凉。户外饲养的蚕已吐丝结成小山，江燕绕着高墙不知疲倦地飞着。潮水的浪峰不时撞击到北固山脚下又向西而去。诗人年年来此北固山登山远眺，可已经物是人非，人事消亡。

芒种五月节

元稹

芒种看今日，螳螂应节生。
彤云①高下影，鴳鸟②往来声。
渌③沼莲花放，炎风暑雨情。
相逢问蚕麦，幸得称人情。

词语解释

①彤云：红云，红霞。
②鹥（yàn）鸟：也称鹥雀，鹑的一种。
③渌（lù）：水清，渌水，渌波。

熟读精思

1. 理解诗歌内容，说说诗歌描写了怎样的画面。
2. 此诗表达了诗人怎样的思想感情？

夏至已至,
微信扫描二维码,
把夏天的回忆,
写成诗。

夏至,二十四节气中的第十个节气。每年公历6月20日或21日,太阳运行至黄经90°,直射地面的位置到达一年的最北端,几乎直射北回归线,此时,北半球各地的白昼时间达到全国最长。

夏至以后地面受热强烈,空气对流旺盛,午后至傍晚常易形成雷阵雨。中国传统将夏至分为三候:"一候鹿角解;二候蝉始鸣;三候半夏生。"古人认为,鹿的角朝前生长,属阳,夏至日阴气生而阳气始衰,所以夏至日阳性的鹿角便开始脱落;夏至后五日,雄性的知了感阴气之生便鼓翼而鸣;再过五日,喜阴的植物(如半夏)开始出现,而阳性的生物开始衰退。

在此时节,唐代诗人多通过描写当时的景物与环境,结合自己的境遇,表达特殊的情感。

竹 枝 词[①]

刘禹锡

杨柳青青江水平,闻郎江上唱歌声。
东边日出西边雨,道是无晴却有晴[②]。

夏至

诗人简介

刘禹锡（772—842），字梦得，河南洛阳人，文学家、哲学家。自称汉中山靖王后裔，曾任监察御史，是王叔文政治改革集团的一员。其家庭是一个世代以儒学相传的书香门第，有"诗豪"之称。其诗无论短章长篇，大都简洁明快，风情俊爽，有一种哲人的睿智和诗人的挚情渗透其中，极富艺术张力和雄直气势。

词语解释

①竹枝词：巴渝民歌的一种，唱时以笛、鼓伴奏，同时起舞。
②晴："晴"与"情"，二字谐音，双关妙用。

诗意解读

夏至以后地面受热强烈，空气对流旺盛，午后到傍晚常易形成骤来疾去的雷阵雨。由于阵雨范围小，人们称之为"夏雨隔田坎"。在这种善变的天气中，诗人有感而发，写出了这首流传千古的诗作。

这是一首用民歌体写的恋歌。大意是：江边杨柳，树叶青青，江水平缓地流动，一叶轻舟在江上行驶。岸上少女忽然听到舟中青年男子在对她唱歌。她从歌声获得的印象是，对方虽没有更明确的表示，却似乎有些情意。这真好像黄梅季节晴雨不定的天气，说是晴天吧，西边还下着雨；说是雨天吧，东边还出着太阳，令人捉摸不定，是无晴（情）还是有晴（情）呢？

夏至避暑北池

韦应物

昼晷①已云极,宵漏②自此长。
未及施政教,所忧变炎凉。
公门日多暇③,是月农稍忙。
高居念田里,苦热安可当?
亭午④息群物,独游爱方塘。
门闭阴寂寂,城高树苍苍。
绿筠⑤尚含粉,圆荷始散芳。
于焉⑥洒烦抱,可以对华觞⑦。

词语解释

①晷（guǐ）：观测日影以定时间的工具。这里指日影。

②漏：即漏壶，古代一种计时的装置，简称"漏"。

③暇：空闲的时候。

④亭午：正午，中午。

⑤筠（yún）：竹子的青皮。这里指竹子。

⑥于焉（yān）：在这里。

⑦华觞（shāng）：华丽的酒杯。

诗意解读

夏至这天，昼晷所测白天的时间已经到了极限，从此以后，夜晚漏壶所计的时间渐渐加长。诗人还没来得及实施自己的计划，就要忧虑气候变化、冷暖交替了。衙门每日空闲的时候居多，而这个月的农事却比较忙。老百姓在地里劳作，也不知是怎么抵挡酷热的。正午时分一切都在歇息，静悄悄的，诗人独自在池塘里坐船游来游去好不惬意。城墙高耸，城门紧闭，树木葱翠，绿荫静寂。翠绿的鲜竹尚且含粉，池塘里的荷花已经开始散发阵阵的清香了。在这里诗人可以抛却烦恼，忘掉忧愁，终日对影举着华丽的酒杯畅饮。表达了诗人自己闲居消夏，心里念着赤日炎炎下忙于农事的老百姓的情怀。

熟读精思

1. "公门日多暇，是月农稍忙"暗讽了当时的什么现象？

2. 全诗表达了诗人怎样的思想感情？

夏至日作

权德舆

璿枢①无停运,四序相错行。
寄言赫曦②景,今日一阴生③。

诗人简介

权德舆(759—818),字载之,文学家,大臣,汉中略阳(今甘肃秦安东)人。后徙润州丹徒(今江苏镇江)。德宗时,召为太常博士,改左补阙,迁起居舍人、知制诰,进中书舍人。宪宗时,拜礼部尚书、同中书门下平章事,后徙刑部尚书,复以检校吏部尚书出为山南西道节度使。卒谥文,后人称为"权文公"。其仕宦显达,并以文章著称,为中唐台阁体的重要作家。

词语解释

①璿(xuán)枢:泛指北斗星。璿,同"璇"。
②赫曦:炎暑炽盛的样子。
③一阴生:夏至后白天渐短,古代认为是阴气初动,所以夏至又称"一阴生"。

诗意解读

北斗星没有停止运行的时候,春夏秋冬四季也交替运行着。今天是夏至,诗人把此刻的心情寄托在这天气走入炎暑之时。

微信扫描二维码，
小暑时节，
读诗纳微凉。

小暑,二十四节气中第十一个节气,一般为每年公历7月7日或8日,太阳运行至黄经105°时。

小暑标志着季夏时节的正式开始。暑,是炎热的意思,意指天气开始变热,但还未到最热。中国传统将夏至分为三候:"一候温风至;二候蟋蟀居壁;三候鹰始击。"小暑时节连风都是热风,而因为炎热蟋蟀也躲到庭院的墙角来避暑热,暑热使老鹰都要飞到清凉的高空活动。

炎热来临的小暑时节,诗人们在自己的诗作中描写着大自然的景象,表达着对老友、对生活等的无限情感。

夏日对雨寄朱放拾遗[①]

武元衡

才非谷永传,无意谒[②]王侯。
小暑金将伏[③],微凉麦正秋。
远山馤[④]枕见,暮雨闭门愁。
更忆东林寺,诗家第一流。

词语解释

①拾遗：诗中指朱放的官职，左拾遗是一个古代官职，主要作用是捡起(皇上)遗漏的东西(政策决策失误)，隶属谏诤机构。

②谒（yè）：拜见。

③伏：隐蔽，隐藏。

④攲（qī）：同"攲"，指倾斜，歪向一边。

诗意解读

诗人在小暑的一个雨天给朋友朱放写下这首诗。诗歌大意是：我的才干不是谷永那种干谒曲事的人传授的，没有为了某种目的去拜谒王侯的心思。在这小暑时节，纵有才干的金将也只能隐蔽过日。如果等到天气由热转凉，麦子成熟就入秋了。此时只能靠着枕头遥看远方的山，潇潇暮雨落下，我的门扉因没有来客紧紧关闭着，心中愁绪万千。这时我越发想念在东林寺相遇相知的朋友，你的才干真是无人能比。

夏日南亭怀辛大①

孟浩然

山光忽西落,池月渐东上。
散发乘夕凉,开轩②卧闲敞③。
荷风送香气,竹露滴清响。
欲取鸣琴弹,恨④无知音赏。
感此怀故人,中宵⑤劳⑥梦想⑦。

词语解释

①辛大：孟浩然的朋友，排行老大，名不详，疑即辛谔。
②开轩：开窗。
③卧闲敞：躺在幽静宽敞的地方。
④恨：遗憾。
⑤中宵：中夜，半夜。
⑥劳：苦于。
⑦梦想：想念。

诗意解读

山上夕阳慢慢西下，池塘上的月亮渐渐东升。诗人披散着头发尽享清凉，推开窗户悠闲地躺着。微风吹拂荷花，清香怡人；竹叶滴落露水，声音清脆。诗人想要取出鸣琴弹奏一曲，可惜没有知音前来欣赏。诗人在如此美景下表达了自己对老友的思念之情。

小暑六月节

元稹

倏忽①温风至,因循小暑来。
竹喧先觉雨,山暗已闻雷。
户牖②深青霭③,阶庭长绿苔。
鹰鹯④新习学,蟋蟀莫相催。

词语解释

①倏忽：一转眼；忽然。
②户牖（yǒu）：门窗；门户。
③青霭：青苔密集的样子。
④鹯（zhān）：鹯类猛禽，亦称"晨风"。

诗意解读

此诗为诗人六月小暑时所作，从听觉、视觉等方面展现了小暑到来时的自然景象。全诗语言简练明朗，虽只描写了眼中所见和耳中所闻，却写出了生活的情趣与味道。

熟读精思

1. 此诗写出了小暑节气的哪些景物特征？
2. 表达了诗人怎样的生活情趣？

微信扫描二维码,
大暑时节,
在唐诗中,
宁心静气待秋来。

大暑
DASHU

　　大暑,二十四节气中的十二个节气,一般在每年7月22—24日之间,太阳到达黄经120°时,是一年中最热的时期,也是喜热作物生长最快的时期。

　　中国劳动人民将大暑分为三候:"一候腐草为萤;二候土润溽;三候大雨时行。"萤火虫分为水生和陆生,陆生的萤火虫产卵于枯草之上,大暑时,萤火虫卵化而出,所以古人认为萤火虫是腐草变成的;第二候是说,天气变得闷热,土地也很潮湿;第三候意指时常有大的雷雨出现,天气开始向立秋过渡。

　　大暑时节,诗人们通过描绘盛暑的景物和气候的燥热,传达自己的心境。

第二单元 夏日炎炎

销 夏[1]

白居易

何以销烦暑,端居一院中。
眼前无长物,窗下有清风。
热散由心静,凉生为室空。
此时身自得[2],难更与人同。

词语解释

①销夏：解暑，避暑。
②自得：悠闲自得的样子。

诗意解读

怎么样可以解除盛暑燥热呢？诗人端坐在院中，屏息凝神，感受清风从窗下拂过。心思宁静暑热自然得以消散，房屋空旷即生出些许凉意。诗人心想：这种时刻身心真是难得悠闲，无须与人同流合污了。

夏日闲放

白居易

时暑不出门,亦无宾客至。
静室深下帘,小庭新扫地。
褰裳①复岸帻②,闲傲得自恣③。
朝景枕簟④清,乘凉一觉睡。
午餐何所有?鱼肉一两味。
夏服亦无多,蕉纱三五事。
资身既给足,长物徒烦费。
若比箪瓢人⑤,吾今太富贵。

词语解释

①褰(qiān)裳：指撩起下裙。褰，揭起。
②岸帻(zé)：推起头巾，露出前额。形容态度洒脱，或衣着简率不拘。
③自恣：放纵自己，不受约束。
④枕簟(diàn)：枕席，泛指卧具。
⑤箪瓢人：箪瓢，一箪食物，一瓢饮料。形容安于贫穷清高生活的读书人。

诗意解读

这首诗是诗人大暑时所作。大意是：盛暑之时，我没有出门，也没有宾客来访。便放下门帘，推起头巾，揭开下裙，枕席而卧，睡到中午时分。午餐有什么呢？鱼肉一两味罢了。夏装也没有多少种类，不过是几样蕉纱。对我而言已然足够了，东西多了反而烦琐浪费。倘若和贫苦人对比，我的生活已经非常富足了。诗人描写了自己简约的生活及悠然自得的心境。

第二单元 夏日炎炎

山亭夏日

高骈

绿树阴浓①夏日长,楼台倒影入池塘。
水精帘②动微风起,满架蔷薇③一院香。

大暑

诗人简介

高骈(821—887),字千里,幽州(今北京西南)人。南平郡王崇文孙。晚唐诗人、名将、军事家。其身为武人,而好文学,被称为"落雕侍御"。《全唐诗》录其诗一卷,有诗五十首。

词语解释

①浓:指树丛的阴影很浓稠(深)。

②水精帘:又名水晶帘,是一种质地精细而色泽莹澈的帘。比喻晶莹华美的帘子。唐李白《玉阶怨》:"却下水精帘,玲珑望秋月。"

③蔷薇:植物名。落叶灌木,茎细长,蔓生,枝上密生小刺,羽状复叶,小叶倒卵形或长圆形,花白色或淡红色,有芳香。花可供观赏,果实可以入药。亦指这种植物的花。唐韩愈《题于宾客庄》诗:"榆荚车前盖地皮,蔷薇蘸水笋穿篱。"

熟读精思

1. 此诗运用了哪些感觉器官描写景物,其景物描写有何特征?
2. 作者是如何将景、情、人巧妙地融合在一起的?
3. 此诗描绘了怎样的意境?

第三单元

秋风萧瑟

| 立秋 | 处暑 | 白露 | 秋分 | 寒露 | 霜降 |

凉风有信，
一叶知秋，
微信扫描二维码，
跟着立秋读唐诗。

立秋
LIQIU

　　立秋,二十四节气中的第十三个节气,秋天的第一个节气。在每年的8月7—9日之间,太阳位于黄经135°,北斗星指向西南方,标志着孟秋时节的正式开始。

　　秋,指暑去凉来,但立秋时节我国大部分地区仍未进入秋天气候,此时天气仍然很热,立秋之后仍有一"伏","秋老虎"依然存在。立秋之后北方渐凉,民谚有"一场秋雨一场寒"的说法。我国传统将立秋分为三候:"一候凉风至;二候白露生;三候寒蝉鸣。"即立秋日起刮风时人们会感觉到凉爽;过五日早晨会有雾气产生;再过五日,秋天感阴而鸣的寒蝉也开始鸣叫。

　　立秋时节,诗人们多通过描写秋风萧瑟、黄叶飘零等景象,抒发自己的悲愁与失意。

立秋日登乐游园

白居易

独行独语曲江头,回马①迟迟上乐游。
萧飒凉风与衰鬓,谁教计会②一时秋?

词语解释

①回马:掉转马头,返回。
②计会:计虑,商量。有经世济民之意。

诗意解读

诗人在立秋日独自登乐游园,凉风萧瑟吹拂着诗人斑白的双鬓,在这样的秋季中,诗人忧心着一个问题:有谁会考虑老百姓的生计呢?

此诗不乏萧瑟悲秋之感,结合诗人官场受挫的人生经历,不禁令人叹息。

立秋后题

杜甫

日月不相饶,节序①昨夜隔。
玄蝉②无停号,秋燕已如客。
平生独往愿,惆怅年半百。
罢官亦由人,何事拘形役③?

立秋

词语解释

①节序:节令的顺序。
②玄蝉:秋蝉,寒蝉。
③拘形役:谓为形骸所拘束、役使。犹言被功名利禄所牵制、支配。

诗意解读

日月无情,春秋代序,立秋一过,一个夜晚的时间,世界就是两个世界了。秋蝉无休无止地鸣叫着,燕子还是能够明确地意识到:离别的时刻正在到来,是时候离开熟悉的环境去寻找另一片温暖了。诗人平时就有行路万里独自飘游的心愿,可无奈的是自己已经年近半百了。罢官也是由诗人自己所决定的,但又是因为什么牵制了他,以至于无法下定决心呢?

早秋客舍

杜牧

风吹一片叶,万物已惊秋。
独夜他乡泪,年年为客愁。
别离何处尽,摇落①几时休?
不及磻溪②叟,身闲长自由。

词语解释

①摇落:凋残,零落。

②磻(pán)溪:水名。在今陕西省宝鸡市东南,传说为周吕尚未遇文王时垂钓处。亦借指吕尚。

熟读精思

1. 本诗表达了作者怎样的思想感情?
2. 写出这首诗的诗意。

微信扫描二维码,
处暑时节话秋凉。

处暑,二十四节气中的第十四个节气,秋季的第二个节气。处暑,即"出暑",炎热离开的意思,时间为每年的8月23日前后,太阳到达黄经150°时。

处暑节气意味着秋天的到来,此后夏天的暑气消散,气温开始降低。白天热,早晚凉,昼夜温差大,空气湿度低。为了身体健康,民间有"秋冻"之说法。我国传统将处暑分为三候:"一候鹰乃祭鸟;二候天地始肃;三候禾乃登。"即老鹰开始大量捕食鸟类;万物开始凋零;黍、稻等类农作物开始成熟。

处暑时节的唐诗,多在表达诗人感时悲秋、寂寥失意的情感。

中元夜泊淮口

罗隐

木叶回飘水面平,偶因孤棹①已三更。
秋凉雾露侵灯下,夜静鱼龙逼岸②行。
攲枕③正牵题柱思,隔楼谁转绕梁声?
锦帆天子④狂魂魄,应过扬州看月明。

诗人简介

罗隐（833—910），字昭谏，新城(今浙江富阳区新登镇)人，诗人、文学家、思想家，著有《谗书》《太平两同书》等。有《歌诗集》十四卷，《甲乙集》三卷，《外集》一卷，今编诗十一卷。

词语解释

①棹（zhào）：划船的一种工具。引申为船。
②逼岸：接近岸边。逼，接近，切近。
③攲枕：斜倚枕头。攲，斜倚，斜靠。
④锦帆天子：指隋炀帝。

诗意解读

此诗是作者中元日夜泊淮口时所作。在这江乡卑湿之地，雾露很多，深夜诗人的船独自停泊在这里，凉秋倚棹，只觉得窗前雾气，漾灯晕而迷濛。诗人用一个"侵"字，可以感受到雾露的深。后面紧接着说游鱼避开舟楫游来游去，至夜静的时候游到岸边。一个"逼"字，可见鱼龙之近。作者斜靠在枕头上正思考着诗句，隔着楼却听到绕梁余音。心想，大概是隋炀帝那时过扬州时赏月的夜夜笙歌，余音绕梁尚未散去吧！

早秋曲江感怀

白居易

离离①暑云散,袅袅凉风起。
池上秋又来,荷花半成子。
朱颜易销歇,白日无穷已②。
人寿不如山,年光急于水。
青芜③与红蓼④,岁岁秋相似。
去岁此悲秋,今秋复来此。

词语解释

①离离：繁盛，茂密。
②穷已：穷尽；终了。
③青芜：杂草丛生的草地。
④红蓼（liǎo）：蓼的一种。多生长在水边，花呈淡红色。

诗意解读

诗人在早秋感怀，暑云散，秋风起，一池荷花已有一半凋落长出莲子。岁月无穷尽，而人并非如山一样亘古不变，年华似水流逝。只有这些杂草野花，年年秋天都是如此。由此诗人想到去年在此感时悲秋，没想到今年又来到这里。

中元日赠张尊师[①]

令狐楚

偶来人世值中元,不献玄都永日闲。
寂寂焚香在仙观,知师遥礼玉京山[②]。

诗人简介

令狐楚（766或768—837），字壳士，自号白云孺子。宜州华原(今陕西铜川)人，先世居敦煌(今属甘肃)。文学家、政治家、诗人。才思俊丽，尤善四六骈文。常与刘禹锡、白居易等人唱和。其诗宏毅阔远，尤长于绝句。有《漆奁集》一百三十卷，又编有《元和御览诗》。

词语解释

①张尊师：唐朝著名的虚玉镜台的得道高人。
②玉京山：玄都山名，位于昆仑山。

诗意解读

作者在中元日写下这首诗敬赠得道高人张尊师。大意是：像张尊师这样的得道高人只有逢中元节这种重要的日子才会来到世俗人间稳定人心，如果不是要为玄都献祭想必终日都要清心修道。我在仙观安静地焚着香向遥远的你致礼，没有因为见不到你而失落，因为我知道这个时候你已在玉京山修行。

微信扫描二维码,
白露秋风起,
唐诗入梦来。

白露 BAILU

    白露，二十四节气中的第十五个节气，秋季的第三个节气，时间在每年公历9月7—9日之间，此时太阳位于黄经165°，标志着孟秋时节的结束和仲秋时节的开始。

    到了白露节气，人们可以明显感觉到炎热的夏天已过，凉爽的秋天到来，昼夜温差增大。阴气逐渐加重，夜晚草木间会出现白色露珠，所以将此节气称为"白露"。我国传统将白露分为三候："一候鸿雁来；二候玄鸟归；三候群鸟养羞。"此时，鸿雁等候南飞避寒，百鸟开始储存干果食物等准备过冬。

    描写白露时节的唐诗，诗人多通过描写秋风白露的凋敝之景来表达自己的情感。

出门行二首（其一）

孟郊

长河悠悠①去无极，百龄②同此可叹息。
秋风白露沾人衣，壮心凋落夺③颜色。
少年出门将诉谁，川无梁兮路无岐。
一闻陌上④苦寒奏，使我伫立惊且悲。
君今得意厌⑤粱肉⑥，岂复念我贫贱时。

白露

诗人简介

孟郊（751—815），字东野，湖州武康（今浙江德清县）人，祖籍平昌（今山东德州临邑县），先世居汝州（今属河南汝州），少年时期隐居嵩山。现存诗歌五百七十多首，以短篇的五言古诗最多，代表作有《游子吟》。今传本《孟东野诗集》十卷。有"诗囚"之称，与贾岛齐名，人称"郊寒岛瘦"。

词语解释

①悠悠：长久，遥远。
②百龄：指长久的岁月。亦指人的一生。
③夺：失去，丧失。
④陌上：指远离城市的田间。田间小路，南北方向叫作"阡"，东西走向的田间小路叫作"陌"。
⑤厌：通"餍"，满足，饱。
⑥粱肉：以粱为饭，以肉为肴。指精美的膳食。

诗意解读

诗的大意是：岁月长河一去不复返，人的一生也和岁月一样值得叹息。在这秋风白露沾衣的凋敝季节，年轻时的壮志凌云已然如花一样凋落失去了颜色。少年出门能和谁诉说呢？面前河流上没有桥，也不见分岔可行的路。站在这田间路上，远远似乎听到苦寒之乐响起，让将要远行的诗人惊异而又悲凉地伫立在那里，不知如何是好。这时诗人不禁问自己：若是今日春风得意、粱肉饱足，是否还会回忆起贫贱之时的理想呢？

月夜忆舍弟

杜甫

戍鼓①断人行,边秋②一雁③声。
露从今夜白,月是故乡明。
有弟皆分散,无家④问死生。
寄书长⑤不达,况乃⑥未休兵。

词语解释

①戍鼓：戍楼上用以报时或告警的鼓声。

②边秋：一作"秋边"，秋天边远的地方，此指秦州。

③一雁：孤雁。古人以雁行比喻兄弟，一雁，比喻兄弟分散。

④无家：杜甫在洛阳附近的老宅已毁于安史之乱。

⑤长：一直，老是。

⑥况乃：何况是。

诗意解读

这首诗是唐肃宗乾元二年（759）秋杜甫在秦州所作。唐玄宗天宝十四载（755），安史之乱爆发，乾元二年九月，叛军安禄山、史思明从范阳引兵南下，攻陷汴州，西进洛阳，山东、河南都处于战乱之中。当时，杜甫的几个弟弟正分散在这一带，由于战事阻隔，音信不通，引起他强烈的忧虑和思念。这首诗就是他当时思想感情的真实记录。

诗的首联描绘了一幅边塞秋天的图景，渲染了浓重悲凉的气氛，点明"月夜"的背景。颔联点题，突出了对故乡的感怀。颈联由望月转入抒情，用沉重的语气描绘了战乱中的生离死别，尾联进一步抒发了内心的忧虑之情。全诗深刻地表达了作者的怀乡思亲之情。

玉阶怨①

李白

玉阶生白露,夜久侵罗袜②。
却下③水晶帘④,玲珑望秋月⑤。

词语解释

①玉阶怨：乐府古题，是专写"宫怨"的曲题。郭茂倩《乐府诗集》卷四十三列于《相和歌辞·楚调曲》。

②罗袜：丝织的袜子。

③却下：回房放下。却，还。

④水晶帘：即用水晶石穿制成的帘子。

⑤玲珑望秋月：虽下帘仍望月而待，以至不能成眠。玲珑，透明貌，一作"聆胧"。聆胧，月光也。

诗意解读

此诗描写出一位妇女寂寞和惆怅的心情。前两句写女主人公无言独立玉阶，露水浓重，浸透了罗袜，她却还在痴痴等待。后两句写寒气袭人，女主人公回房放下窗帘，却还在凝望秋月。前两句写久等，显示人的痴情；后两句以月亮的玲珑，衬托人的幽怨。全诗无一语正面写怨情，然而又似乎让人感到漫天愁思飘然而至，不著怨意而怨意很深，有幽邃深远之美。

熟读精思

在之前的节气诗中，我们也学习过一首写思妇望归的诗，你还记得是哪一首吗？它与《玉阶怨》对比，又有何异同呢？

秋分秋雨阵阵寒,
微信扫描二维码,
在诗中与你共赏秋色。

秋分，二十四节气中的第十六个节气，秋季的第四个节气。时间一般在每年公历9月22日或23日，太阳在这一天到达黄经180°，太阳几乎直射赤道，全球各地昼夜等长，平分秋色。

正如人们所说，"一场秋雨一场寒"，但秋分之后的日降水量不会很大。我国传统将秋分分为三候："一候雷始收声；二候蛰虫坯户；三候水始涸。"古人认为雷是因为阳气盛而发声，秋分后阴气开始旺盛，所以不再打雷了。

秋高气爽，风和日丽。诗人在此节气写诗，或表达自己的从容闲适，或表达微凉萧瑟之情。

再过王辂原居纳凉

周贺

夏天多忆此,早晚得秋分。
旧月来还见,新蝉坐忽闻。
扇风①调②病叶,沟水隔残云。
别有微凉处,从容不似君。

诗人简介

周贺,生卒年不详,约唐穆宗长庆元年前后在世。字南卿,东洛(今四川广元西北)人。初居庐山为浮屠,名清塞。后客南徐,又来少室、终南间。其工近体诗,格调清雅,与贾岛、无可齐名。著有诗集一卷,《新唐书艺文志》传于世。

词语解释

①扇风:摇扇所生的风。
②调:通"凋",凋谢,凋敝。

诗意解读

这首诗是诗人再次经过王辂旧居纳凉时发出的感慨。诗的大意是:夏末秋初之时,常会想起来到这里纳凉,但暑热终会过去,直到秋天。坐在这里发现月亮还是那时的样子,但忽然听到了新蝉的鸣叫声。手摇扇子的风竟然使残夜凋落了,云朵也被水面影印显得有些破碎。这里另外有一种微凉萧索之感,只是我没有像你(指王辂)那样从容的心境。

晚　晴

杜甫

返照斜初彻①，浮云薄未归。
江虹明远饮，峡雨落馀飞。
凫雁②终高去，熊罴③觉自肥。
秋分客尚在，竹露夕微微④。

词语解释

①彻:通,透,贯彻,透彻。
②凫雁:大雁。
③熊罴(pí):熊和罴,皆为猛兽,用来比喻勇士或雄师劲旅。
④微微:隐约,淡远。

诗意解读

在秋分之日的傍晚时分,夕阳穿透浮云照耀大地。一场秋雨落下,江上形成一道彩虹,照亮了前方河流。大雁终究高飞离去,猛兽们终日休息也免不了变得肥胖。客居在外的诗人还在继续着这样的生活,夕阳即将落下,竹上的清露也显得越发幽淡了。

夜喜贺兰三见访

贾岛

漏钟①仍夜浅,时节欲秋分。
泉聒栖松鹤,风除翳②月云。
踏苔行引兴,枕石卧论文。
即此寻常静,来多只是君。

词语解释

①漏钟:这里指滴漏钟,根据水滴的规律而制造的计时装置。

②翳(yì):遮蔽,覆盖。

诗意解读

秋分时节的一个夜晚,夜色未深,朋友来访。景色宜人,鹤栖息在松上,伴着潺潺流水鸣叫,微风吹走了遮蔽月亮的云朵,夜空一片皎洁。诗人和朋友一起踏苔夜行,在这美景下枕着石头谈文论道,十分惬意。不禁发出感慨:平时其实也是安静寂寞的,今夜是由于朋友来访方才不一样罢了。

微信扫描二维码,

读唐诗,

感受寒露时节的秋意正浓。

寒露，二十四节气中的第十七个节气，秋季的第五个节气。时间在每年公历10月8日或9日，太阳到达黄经195°时。

寒露时节，气温比白露更低，地面的露水也快要凝结成霜，气候从凉爽向寒冷过渡。我国传统将寒露分为三候："一候鸿雁来宾；二候雀入大水为蛤；三候菊有黄华。"即第一候鸿雁大举南迁；第二候雀鸟都不见了，海边出现很多蛤蜊，而蛤蜊壳的花纹与雀鸟很相似，古人便以为是雀鸟变的；第三候菊花已普遍开放。

寒露时节的唐诗中对深秋的景色描写细致入微，表达的思想感情也发人深省。

和王奭秋夜有所思①

卢照邻

寂寂南轩②夜,悠然怀所知③。
长河④落雁苑⑤,明月下鲸池⑥。
凤台有清曲,此曲何人吹⑦?
丹唇间玉齿,妙响入云涯。
穷巷秋风叶,空庭寒露枝。
劳歌⑧欲有和,星鬓⑨已将垂。

诗人简介

卢照邻（约636—约680），字升之，自号幽忧子，幽州范阳（今北京大兴区）人。与王勃、杨炯、骆宾王并称"王杨卢骆"，世称"初唐四杰"。博学能文，仕途不顺，一生悲苦。

词语解释

①有所思：汉乐府铙歌旧题，内容多写女子与情人决绝的悲思。
②南轩：向南的窗子。
③所知：知音，知交。
④长河：银河。
⑤雁苑：古园囿名。南朝梁元帝《玄览赋》："虹桥左跨，雁苑南通。"
⑥鲸池：大池。或指昆明池。昆明池畔有石鲸。
⑦凤台有清曲，此曲何人吹：典出萧史弄玉故事，见《列仙传·萧史》。清曲，指凤台曲。乐府《上云乐》七曲之一。南朝梁武帝作，取首句"凤台上，两悠悠"为名。
⑧劳歌：忧伤、惜别之歌。
⑨星鬓：花白的鬓发。

诗意解读

这是一首恋情诗，作者借和王奭（shì）诗，寄寓对情人的思念。诗中以秋夜景色为背景，运用萧史吹箫的典实，抒发了绵远的恋情。景凄而意悲，情切而思深。

八月十五夜桃源玩月

刘禹锡

尘中见月心亦闲,况是清秋仙府间。
凝光悠悠寒露坠,此时立在最高山。
碧虚无云风不起,山上长松山下水。
群动翛然①一顾中,天高地平千万里。
少君②引我升玉坛,礼空遥请真仙官。
云拼③欲下星斗动,天乐一声肌骨寒。
金霞昕昕④渐东上,轮欹影促犹频望。
绝景良时难再并,他年此日应惆怅。

词语解释

①翛（xiāo）然：同"悠然"。
②少君：是指能和神仙沟通的人。西汉武帝时有一个方士叫李少君，他自言见过神仙，能得长生不老之法，骗取了汉武帝的信任。以后人们就以"少君"代指游仙的向导。
③云拼：神仙所乘之车。
④昕昕：明亮的样子。

诗意解读

首句是诗人自己做出的议论：平时在红尘中见到月亮，心都能清静下来，何况是在这清秋时节的神仙洞府间？诗人此刻站在桃源的最高处，凝聚起来的光芒悠悠地像寒露坠落下来。碧空之中没有一丝云彩，风也不见一缕，可以看见山上高高的松树和山下的流水。那些行动的物体全在视野之中，天那么高，地那么平，仿佛可以看见千万里之外："少君"把诗人带到了玉坛之上，远远地施礼请仙人相见。云彩聚集，星斗挪动，仙乐奏响，让人肌骨寒肃。金色的霞光从东面渐渐升起，月轮西斜，仙影远去，诗人还在频频回望。只因为良辰美景难再回来，以后到了中秋这天应该很惆怅吧！

芙蓉亭

柳宗元

新亭俯朱槛,嘉木开芙蓉。
清香晨风远,溽彩寒露浓。
潇洒出人世,低昂多异容。
尝闻色空喻,造物谁为工?
留连秋月晏,迢递来山钟。

诗人简介

柳宗元（773—819），字子厚，汉族，河东（今山西永济）人。唐宋八大家之一，文学家、哲学家、散文家和思想家。世称柳河东、河东先生，因官终柳州刺史，又称"柳柳州"。与韩愈并称为"韩柳"，与刘禹锡并称"刘柳"，与王维、孟浩然和韦应物并称"王孟韦柳"。一生留诗文作品达六百余篇，其文的成就大于诗。骈文有近百篇，散文论说性强，笔锋犀利，讽刺辛辣。游记写景状物，多所寄托，有《河东先生集》。

诗意解读

《芙蓉亭》全诗分三层。第一层以鲜艳美丽的芙蓉着墨：新亭里修建着红色的栏杆，四周开满了芙蓉鲜花。早晨的清风吹送了远香，寒冷的露水沾湿了鲜艳的色彩。前四句全是写景，像一幅颜色绚丽、动静相间的水彩画。第二层继续描写芙蓉花：花朵潇洒地开放，呈现不同的姿态与容貌。芙蓉花盛开时，花朵缀满枝头，或白或红或黄，千姿百态，赏心悦目。特别令人惊奇的是，早晨开的白花，下午因为光合作用变成红色。"尝闻色空喻，造物谁为工？"笔锋一转，由花自然联想到佛学中色、空的比喻，不知造物界到底是谁在巧夺天工，创造出芙蓉花这样美丽的景物。佛教谓有形的万物为色，并认为万物因缘所生，本非实有，故谓"色即是空"。诗中的"色"一语双关，既指芙蓉花的颜色，又泛指世间事物。结句为第三层：从早到晚，留连芙蓉亭的美景，久久不愿离去。秋月中，诗人静听断断续续地传来山寺的钟声，向往佛学禅境的思想不言而喻。禅院中有如此美好的景物，佛经中更是诗人精神寄托的理想之地。诗熔风景诗、咏物诗、山水诗为一炉，情景交融，如"羚羊挂角，无迹可求"。

微信扫描二维码，
霜降时节，
于唐诗中，
体味秋天的最后一抹温度。

霜降,二十四节气中第十八个节气,秋季中第六个节气。时间在每年公历10月23日或24日,太阳位于黄经210°之时,是秋季的最后一个节气,也意味着冬天即将开始。

进入霜降节气,天气渐冷,开始有霜。我国传统将霜降分为三候:"一候豺乃祭兽;二候草木黄落;三候蛰虫咸俯。"第一候豺狼开始捕获猎物;第二候大地上的树叶枯黄掉落;第三候蛰虫在洞中不动不食,进入冬眠状态。

霜降时节是人们登山赏红叶的最佳时节。但秋将尽,黄叶飞,此情此景让唐诗平添了几分愁绪。

泊①舟盱眙②

常建

泊舟淮水次,霜降夕流清。
夜久潮侵岸,天寒月近城。
平沙依雁宿,候馆听鸡鸣。
乡国云霄外,谁堪羁旅③情?

诗人简介

常建（708—765），唐代诗人，字号不详，有说是邢台人或说长安(今陕西西安)人，开元十五年（727）与王昌龄同榜进士，长仕宦不得意，来往山水名胜，过了很长时期的漫游生活。后移家隐居鄂渚。大历中，曾任盱眙尉。

词语解释

①泊：停泊。
②盱眙（xū yí）：县名，在今江苏。
③羁旅：指的是长久寄居他乡。羁，寄。旅，客也。

诗意解读

本诗写羁旅思乡之情。作者漂泊到淮水，正值霜降时节，傍晚时分河水十分清澈。夜色渐渐深重，潮水撞击到岸边有一种别样的凄冷。天气微寒，月亮似乎离城很近，月光铺满大地，似乎增添了几分寒意。大雁落在平沙上夜宿，候馆里传来阵阵鸡鸣声。作者不堪忍受这漂泊在外的思乡之情，难以入睡。霜、潮、月、雁都是此类诗中典型的意象。

九日登李明府北楼

刘长卿

九日登高望,苍苍远树低。
人烟湖草里,山翠县楼西。
霜降鸿①声切,秋深客思迷。
无劳白衣酒,陶令自相携②。

诗人简介

刘长卿（709—786），字文房，唐代诗人。宣城（今属安徽）人。以五言律诗擅长。唐肃宗至德年间（756年7月—758年2月）任监察御史、长洲县尉，贬岭南巴尉，后返，旅居江浙。后来唐代宗任命其为转运使判官，知淮西、鄂岳转运留后，被诬再贬睦州司马。其生平坎坷，有一部分感伤身世之作，但也反映了安史之乱后中原一带荒凉凋敝的景象。

词语解释

①鸿：大雁。

②无劳白衣酒，陶令自相携：此句使用了"白衣送酒"的典故。典出陶渊明。有一年重阳节，他在东篱下赏菊，抚琴吟唱，忽而酒兴大发。由于没有备酒过节，他只好漫步菊丛，采摘了一大束菊花，坐在屋旁惆怅。就在这时，他看见一个白衣使者向他走来，一问才知此人是江州刺史王弘派来送酒的。王弘喜欢结交天下名士，曾多次给陶渊明送酒。

诗意解读

诗人在异乡逢重阳节，思念故乡之情油然而生。恰好此地县令是自己的朋友，诗人希望能和朋友相聚对饮，一解愁思。

赋得九月尽(秋字)

元稹

霜降三旬后,蓂①馀一叶秋。
玄阴②迎落日,凉魄尽残钩。
半夜灰移琯③,明朝帝御裘。
潘安④过今夕,休⑤咏赋中愁。

词语解释

①蓂(míng)：古代神话传说中的一种瑞草。

②玄阴：阴暗、幽暗。

③琯(guǎn)：古代一种玉制的管乐器，形状像笛子，上有六个孔。

④潘安：即潘岳(247—300)，字安仁。河南中牟人。西晋著名文学家、政治家，潘安之名始于杜甫《花底》："恐是潘安县，堪留卫玠车。"

⑤休：不要。

熟读精思

1. "玄阴迎落日，凉魂尽残钩"一句有何妙处？
2. 你能用自己的话解读这首诗的诗意吗？

第四单元
岁暮天寒

大寒　小寒　冬至　大雪　小雪　立冬

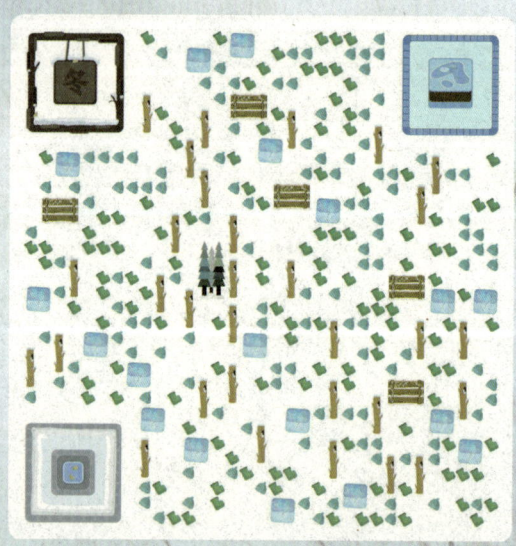

立冬已至,
秋尽冬始,
微信扫描二维码,
解读冻不住的诗意。

立冬,二十四节气中的第十九个节气,时间在每年公历11月7—8日之间,太阳位于黄经225°。立冬过后,日照时间持续缩短,中国民间把立冬作为冬季的开始。

立冬前后,我国大部分地区降水显著减少,农林作物进入越冬期。我国传统将立冬分为三候:"一候水始冰;二候地始冻;三候雉入大水为蜃。"进入立冬时节,水已经能结成冰;过五日,土地也开始冻结;再过五日,野鸡一类的大鸟便不多见了,而海边却可以看到外壳与野鸡的线条及颜色相似的大蛤,所以古人认为雉到立冬后便变成大蛤了。

描写立冬时节的唐诗中不乏对早冬景象的描写,同时反映诗人当时的心境。

早 寒

白居易

黄叶聚墙角,青苔围柱根。
被经霜后薄,镜遇雨来昏。
半卷寒檐①幕,斜开暖阁门。
迎冬兼送老②,只仰酒盈尊。

词语解释

①檐：房顶伸出墙壁的部分。
②送老：指送终。

诗意解读

此诗以我国北方初冬时节为背景，抒发了诗人正视现实、关心民生疾苦的心境。在立冬早寒时节，农家荒野堆积在墙角，房柱脚下长满了青苔。一番寒霜后显得被子很轻薄，一场寒雨让镜子都显得昏暗不明亮了。寒风卷起了门帘，吹开了暖阁的门。这既是迎接冬天，又是送终的时节，只能够倒满一杯酒来纾解冬天的愁情了。因为天冷了，许多普通民众因储藏的东西不够而无法舒适度过冬天，以至于有"朱门酒肉臭，路有冻死骨"的情形。因此诗人用一句"迎冬兼送老"形象地表达了民生疾苦。

立 冬

李白

冻笔新诗懒写,寒炉美酒时温。
醉看墨花月白,恍疑雪满前村①。

立冬

词语解释

①恍疑雪满前村：恍惚中仿佛看见雪已经飘满村落。

诗意解读

立冬之夜，笔墨都冻凉了，诗人只好与炉火琼浆相伴。微醉中，竟将一地月光当成了雪迹。

熟读精思

本诗表达了诗人怎样的思想感情？

早 冬

白居易

十月江南天气好,可怜冬景似春华。
霜轻未杀萋萋①草,日暖初干漠漠②沙。
老柘叶黄如嫩树,寒樱枝白是狂花。
此时却羡闲人醉,五马无由入酒家。

词语解释

①萋萋：草木茂盛的样子。
②漠漠：紧密分布或大面积分布的样子。

诗意解读

诗歌大意是：江南的十月天气很好，冬天的景色像春天一样可爱。寒霜未冻死小草，太阳晒干了大地。老柘树虽然叶子黄了，但仍然像初生的一样。寒樱不依时序，开出枝枝白花。这个时候的诗人只羡慕喝酒人的那份清闲，不知不觉地走入酒家。作品全方位地展现了江南早冬时节的场景。

熟读精思

《早寒》《早冬》均是写初冬，两首诗有什么不同呢？

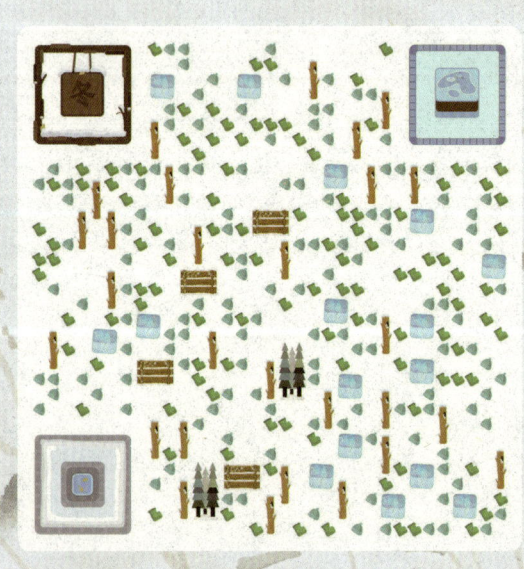

微信扫描二维码,
小雪雪满天,
听唐诗道丰年。

小雪,二十四节气中的第二十个节气,冬季的第二个节气。时间在公历11月22日或23日,此时太阳到达黄经240°。

小雪节气,我国广大地区的气温开始逐渐下降到0 ℃以下,但大地尚未过于寒冷,虽开始降雪,但雪量不大,故称小雪。我国传统将小雪分为三候:"一候虹藏不见;二候天气上升地气下降;三候闭塞而成冬。"此时,彩虹藏匿不见,阴气上升;天气升地气降,因而天地闭塞,冬天来临。

小雪时节,诗人多通过诗作描写雪景,表达自己的情怀。

韦润州①后亭海榴②

李嘉祐

江上年年小雪迟,年光独报海榴知。
寂寂山城风日暖,谢公含笑向南枝。

诗人简介

李嘉祐，字从一，生卒年俱不可考，赵州（今河北省赵县）人。天宝七载（748）进士，授秘书正字。以罪谪鄱阳，量移江阴令。上元中，出为台州刺史。大历中，又为袁州刺史。与李白、刘长卿、钱起、皇甫曾和皎然相识。善写诗，风格绮丽婉靡。

词语解释

①润州：地名。于隋开皇十五年（595）置，此为润州行政建置取名之始。这里以地名代官职。
②海榴：即山茶花。

诗意解读

这是一首咏山茶花的诗作。诗的大意是：小雪时节到了，但江上时令没那么明显，小雪迟下。只有盛开的山茶花能够体现出这一季节。寂静的山城吹的风渐渐回暖，连爱好游玩的谢公都忍不住来观赏了。

小 雪

戴叔伦

花雪随风不厌看,更多还肯失林峦①。
愁人正在书窗下,一片飞来一片寒。

诗人简介

戴叔伦（约732—约789），字幼公（一作次公），润州金坛（今属江苏）人。年轻时师事萧颖士。曾任新城令、东阳令、抚州刺史、容管经略使。晚年上表自请为道士。其诗多表现隐逸生活和闲适情调，但《女耕田行》《屯田词》等篇也反映了人民生活的艰苦。

词语解释

①林峦：树林与峰峦，泛指山林。诗中指隐居的地方。

诗意解读

此诗写得平淡、自然、轻盈。诗的大意是：那在风中飞舞的雪花让人百看不厌，更多的就像素蝶一样消失在山林之中。愁上眉梢的诗人独坐窗前，望着一片片飞落的雪花，更觉寒意四起，愁绪满天。

虹藏不见

徐敞

迎冬小雪至,应节晚虹藏。
玉气徒成象,星精①不散光。
美人初比色,飞鸟罢呈祥。
石涧收晴影,天津②失彩梁。
霏霏③空暮雨,杳杳④映残阳。
舒卷⑤应时令,因知圣历⑥长。

诗人简介

徐敞,生卒年不详。诗歌风格清丽流畅。除此诗外,还有《月映清淮流》较为著名。

词语解释

①星精:指星星的灵气。
②津:门路,门径。这个天津指天空。
③霏霏:雨、雪蒙蒙或烟云浓密的样子。
④杳杳:昏暗的样子。
⑤舒卷:指人事的进退、出处。
⑥圣历:帝王的历数,国运。

诗意解读

诗人借时令特色写景抒情。诗的大意是:小雪时节到来,彩虹消失不见。空有玉气成象,星辉未散。但飞鸟都停止了工作,只留美人比色。山沟已不见清影,天空也失去了颜色。烟雨蒙蒙过后,残阳昏暗。人的进退也如时令更替,因为帝王历数也非常长远。

大雪如期而至,
微信扫描二维码,
落雪听诗。

大雪,冬季的第三个节气。在每年公历12月6—8日之间,太阳到达黄经255°时,标志着仲冬时节的正式开始。

进入大雪节气,我国大部分地区的最低温度都降到了0℃以下,会降大雪,甚至暴雪。大雪时节分为三候:"一候鹖鴠(hè dàn)不鸣;二候虎始交;三候荔挺出。"即第一候因天气寒冷,寒号鸟不再鸣叫;第二候老虎开始有求偶行为;第三候荔挺(兰草的一种)感到阳气萌动而抽出新芽。

大雪节气里,唐代诗人欣赏着漫天飞舞的雪花,用自己的笔触描绘着这美妙的场景,表达着自己的悠远心境。

舟中夜雪有怀卢十四侍御弟

杜甫

朔①风吹桂水,朔雪夜纷纷。
暗度②南楼月,寒深北渚③云。
烛斜初近见,舟重竟无闻。
不识山阴道④,听鸡更忆君。

词语解释

①朔：北方。
②暗度：不知不觉地过去。
③北渚：北面的水涯。
④山阴道：此处引用王徽之访戴逵事的典故，用以寄托对友人的怀念之情。

诗意解读

桂水上北风呼啸，夜晚白雪纷纷，北面水涯方向的云深邃寒冷，诗人不知不觉地从月色下的南楼漂过。当点着烛光的船靠近时，诗人却听不到那船上的声音。在此情境下，诗人听到岸上的鸡叫声，想起了卢十四侍御弟。全诗表达了诗人对朋友的思念之情。

嘲王历阳①不肯饮酒

李白

地白风色寒,雪花大如手。
笑杀陶渊明,不饮杯中酒。
浪抚一张琴,虚栽五株柳②。
空负头上巾③,吾于尔何有?

大雪

词语解释

①王历阳：指历阳姓王的县丞。历阳县，秦置。隋唐时，为历阳郡治。

②五株柳：陶渊明有五弦琴一张，每逢饮酒聚会，便抚弄一番来表达其中情趣。后用以为典，有闲适归隐之意。宅边有五棵柳树，并且陶潜自号"五柳先生"。

③空负头上巾：语出陶渊明诗"若复不快饮，空负头上巾"。陶渊明好酒，以至用头巾滤酒，滤后又照旧戴上，后用滤酒葛巾、葛巾漉酒等形容爱酒成癖，嗜酒为荣，赞羡真率超脱。

诗意解读

这是一首劝酒歌。诗人在一个寒冷的雪天与王历阳一起饮酒。因对方不肯饮酒，诗人以八句四十字，运用陶渊明的典故，以嘲笑之语劝酒，充分地显示了诗人的豪迈之气。

对 雪

杜甫

战哭①多新鬼②,愁吟③独老翁。
乱云低薄暮,急雪舞回风。
瓢④弃⑤尊⑥无绿,炉存火似红。
数州消息断,愁坐⑦正书空。

词语解释

①战哭:指在战场上哭泣的士兵。
②新鬼:新死去士兵的鬼魂。《左传·文公二年》:"吾见新鬼大故鬼小。"
③愁吟:哀吟。
④瓢:葫芦,古人诗文中习称为瓢,通常拿来盛茶酒的。
⑤弃:一作"弄"。
⑥尊:又作"樽",似壶而口大,盛酒器。诗句以酒的绿色代替酒字。
⑦愁坐:含忧默坐。

诗意解读

诗的大意是:战场上哭泣的大多是新死去士兵的鬼魂,只有老人独自忧愁地吟诗。云压得很低,正是黄昏之时,急下的雪花在风中飘舞回旋。葫芦丢弃了,酒器中没有酒,火炉中的余火,照得眼前一片通红。前线战况和妻子弟妹的消息都无从获悉,忧愁地坐着用手在空中画着字。

此诗写于"安史之乱"期间,诗人为叛军所羁押,又听闻唐军新败,愁望着漫天飞舞的飘雪,感受着冷冽刺骨的寒意,对国家和亲人的命运深切关怀而又无从着力的苦恼心情油然而发。

微信扫描二维码,
用一首诗温暖冬至时节。

冬至，二十四节气中第二十二个节气，更是二十四节气中最早制定出的一个，是中国农历中极为重要的一个节气。在岭南有"冬至大过年"的说法。冬至节气时间在每年公历12月21—23日之间，太阳位于黄经270°时。

冬至这天，太阳直射地面的位置到达一年的最南端，因此这天是北半球白昼最短的一天。冬至分为三候："一候蚯蚓结；二候麋角解；三候水泉动。"第一候土中的蚯蚓仍然蜷缩着身体；第二候麋因感阴气渐退而解角；第三候山中的泉水可以流动并且温热。

写于冬至的唐诗，有不少是在描写诗人们身处异乡的孤寂，表达自己的思乡之愁和怀亲之情。

饯①唐永昌

崔日用

洛阳桴②鼓今不鸣,朝野咸③推重太平。
冬至冰霜俱怨别,春来花鸟若为情?

冬至

诗人简介

　　崔日用，唐朝大臣，诗人。进士出身，先是攀附武三思，后附唐玄宗。在诛除太平公主前，玄宗跟崔日用讨论，日用说："太平公主谋逆有期，陛下住在宫府（太子），欲有讨捕，犹是子道臣道，须用谋用力。今既光临大宝，但须下一制，谁敢不从？"并建议"先定北军"，七月初四，玄宗完全按照崔日用的计划行事。遂诛太平公主。史称崔日用"每朝廷有事，转祸为福，以取富贵"。

词语解释

① 饯：设酒食送行。
② 桴：击鼓的鼓槌。
③ 咸：都。

诗意解读

　　洛阳今天的鼓都不响了，天下都推崇看重太平，冬至这天的冰霜都怨恨分别，春天的花鸟好像有感情一样再次相聚。此诗表达了诗人对友人不舍的离别之情。

小　至①

杜甫

天时人事日相催,冬至阳生春又来。
刺绣五纹②添弱线,吹葭③六琯动浮灰④。
岸容待腊将舒柳,山意冲寒欲放梅。
云物⑤不殊乡国异,教儿且覆⑥掌中杯。

词语解释

①小至：指冬至前一日，一说指冬至日的第二天。
②五纹：指五色彩线。《唐杂录》载，冬至后日渐长，官中女工比常日增一线之功。
③葭：初生的芦苇。
④动浮灰：古时为了预测时令变化，将芦苇茎中的薄膜制成灰，放在律管内，每到节气到来，律管内的灰就相应飞出。
⑤云物：景物。
⑥覆：倾，倒。

诗意解读

诗的大意是：天时人事，每天变化得很快，转眼又到冬至了。过了冬至白日渐长，天气日渐回暖，春天即将回来了。刺绣女工因白昼变长而可多绣几根五彩丝线，吹管的六律已飞动了葭灰。堤岸好像等待腊月快点的过去，好让柳树舒展枝条，抽出新芽；山也要冲破寒气，好让梅花开放。我虽然身处异乡，但这里的景物与故乡的没有什么不同，让小儿斟上酒来，一饮而尽。

此诗写冬至前后的时令变化，不仅用刺绣添线写出了白昼增长，还用河边柳树即将泛绿，山上梅花冲寒欲放，生动地写出了冬天里孕育着春天的景象。全诗反映了诗人难得的舒适心情。

邯郸冬至夜思家

白居易

邯郸驿[①]里逢冬至,抱膝灯前影伴身。
想得家中夜深坐,还应说着远行人[②]。

词语解释

①驿：驿站，古代传递公文、转运官物或出差官员途中歇息的地方。

②远行人：离家在外的人，这里指作者自己。

诗意解读

诗人居住在邯郸客栈的时候正好是冬至佳节。夜晚，诗人抱着双膝坐在灯前，只有影子相伴。他相信家中的亲人今天会相聚到深夜，还应该谈论着自己这个远行人。

此诗描写了冬至夜晚作者在邯郸驿舍的所思所感，表达了作者的孤寂之感和思家之情。全诗语言质朴无华而韵味含蓄，构思精巧别致，运用想象等手法，表现出淡淡的思乡之愁以及浓浓的怀亲之意。

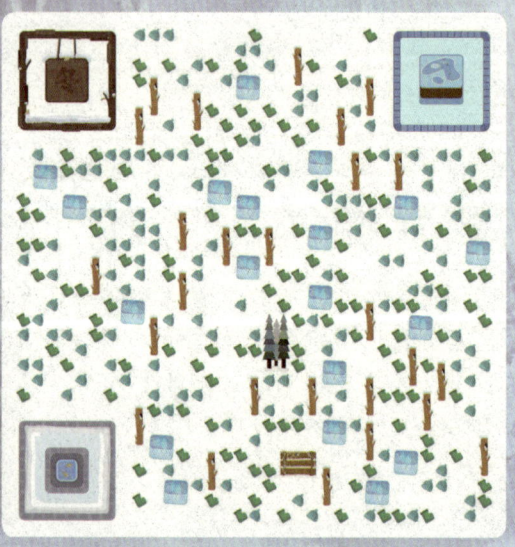

微信扫描二维码,
读着诗词御小寒。

小寒,二十四节气中的第二十三个节气,也是冬季的第五个节气,标志着寒冷冬季的正式开始。此时太阳到达黄经285°,时间在每年公历1月4—6日之间。

自小寒节气起,我国大部分地区进入一年中最寒冷的日子。小寒分为三候:"一候雁北乡;二候鹊始巢;三候雉始雊。"此时,阳气已动,大雁开始向北迁移;北方会到处见到喜鹊冒着严寒开始筑巢,准备孕育后代,因为喜鹊感到阳气的上升;雉鸟(野鸡)也因感阳气而鸣叫。

小寒时节的唐诗多通过描摹冰天雪地之景,再结合诗人自身的特殊境遇来表达情感。

晚泊①湘江

宋之问

五岭②恓惶客,三湘憔悴颜。
况复③秋雨霁,表里见衡山。
路逐鹏南转,心依雁北还。
唯馀望乡泪,更染竹成斑。

小寒

诗人简介

宋之问（约656—约712），字延清，名少连，汉族，汾州（今山西汾阳）人，初唐时期诗人，与沈佺期并称"沈宋"。也与陈子昂、卢藏用、司马承祯、王适、毕构、李白、孟浩然、王维、贺知章并称为"仙宗十友"。

词语解释

①泊：停泊。
②五岭：长江与珠江流域的分水岭及周围群山。
③况复：更加，加上。

诗意解读

本诗大约写于诗人被贬泷州（广东）的路上，一路漂泊去往贬谪之地，此时已到达湖南，离贬谪之地很近了。诗人憔悴无比，思念家乡便写下了这首抒怀诗。

诗的大意是：在这两地的分水岭，内心十分忧惧，面容十分憔悴。再加上秋雨放晴，南方的衡山已经映入眼帘，更加说明了贬谪之地的近。路途是跟随着大鹏南去，可心却随着雁归北方。只剩下思乡的泪，将竹子染透显露出点点斑痕。本诗用夸张的手法体现出诗人思乡之切。

滑州①送人先归

刘商

河水冰消雁北飞,寒衣未足又春衣。
自怜漂荡经年②客,送别千回独未归。

诗人简介

刘商,大历(766—779)年间进士。字子夏,徐州彭城县人。唐代诗人、画家。能文善画,诗以乐府见长。代表作有《琴曲歌辞·胡笳十八拍》。

词语解释

①滑州:滑台城,古城名。即今河南滑县东滑县城。
②经年:经过一年或若干年。这里指在外漂泊时间长。

诗意解读

古代把小寒分为三候,此诗结合"雁北飞"一候来借雁抒发作者的思乡之情。河面冰已开始消融,大雁感到阳气要往北去了。御寒衣服尚不充足,又即将要准备春衣了,说明天气此时由寒冷已慢慢转暖。诗人在送别友人之时,看到北飞的大雁,忍不住为自己感到凄凉,在外飘荡多年,送别他人已很多次,唯独自己没有回家的时候。通过和他人的对比以及大雁意象,可以看出这是一首送别表达思乡之情的诗歌。

穷冬曲江闲步

裴夷直

雪尽南坡雁北飞,草根春意胜春晖①。
曲江永日②无人到,独绕寒池又独归。

诗人简介

裴夷直,字礼卿,河东(今山西永济)人。宪宗元和十年(815)登进士第,任右拾遗。其诗多为绝句,内容以感怀酬赠之作为多。

词语解释

①春晖:春日的阳光。
②永日:终日。

诗意解读

南面山坡上冰雪融化时,大雁便开始向北飞去,草根生机勃勃所展示的春意更胜春天的阳光。曲江终日没有什么人到来,诗人独自绕游寒池后又独自归去。此诗表达了诗人苦尽甘来的喜悦和对未来充满希望的情感。

微信扫描二维码，
在大寒节气，
读懂冬天的美。

大寒,二十四节气中最后一个节气,每年公历1月20日左右,太阳到达黄经300°时。

俗语称"大寒小寒,冷成一团",说明大寒时节也是非常寒冷。中国传统将大寒分为三候:"一候鸡乳;二候征鸟厉疾;三候水泽腹坚。"大寒节气便可以孵小鸡了;鹰隼之类的征鸟,却正处于捕食能力极强的状态中,盘旋于空中到处寻找食物,以补充身体的能量抵御严寒;最后五日,水域中的冰一直冻到水中央,且最结实、最厚,孩童们可以尽情地在河上溜冰。

大雪时节,诗人们通过描摹天寒地冻、寒梅绽放之景,或表达对劳动人民艰辛生活的同情,或表达自己的悲凉凄苦等思想感情。

元次山①居武昌之樊山新春大雪以诗问之

孟彦深

江山十日雪,雪深江雾浓。
起来望樊山,但见群玉峰。
林莺却不语,野兽翻②有踪。
山中应大寒,短褐③何以完?
皓气④凝书帐,清⑤着⑥钓鱼竿。
怀君欲进谒,溪滑渡舟难。

诗人简介

孟彦深,字士源,唐代诗人,登天宝二年进士第,为武昌令。

词语解释

①元次山:指元结,唐代文学家。字次山,号漫叟、聱叟。
②翻:反而;反倒。
③短褐(hè):用兽毛或粗麻布做成的短上衣。指平民的衣着。
④皓气:浩然正气,正直的样子。
⑤清:清澈清亮。
⑥着:附着。

诗意解读

元结隐居在武昌樊山,正值新春大雪,诗人作此诗问候他。前面六句写了大寒雪后作者所在地方的情景。据此推测元结隐居的山中定然也是十分寒冷,为朋友担心衣着是否能够安然过冬。但语气骤然一转,写元结书帐中凝结着浩然正气,钓鱼竿上也附着一股清流,表现了元结的正直和清廉。诗人想要为他举荐,但"溪滑渡舟难"看似写景,实际暗含了元结的官运,似乎不那么顺利。

村居苦寒

白居易

八年十二月①,五日雪纷纷。
竹柏皆冻死,况彼无衣民。
回观村闾间,十室八九贫。
北风利如剑,布絮不蔽身。
唯烧蒿棘②火,愁坐夜待晨。
乃知大寒岁③,农者尤苦辛。
顾我当此日,草堂深掩门。
褐裘④覆絁被⑤,坐卧有馀温。
幸免饥冻苦,又无垄亩勤⑥。
念彼深可愧,自问是何人。

词语解释

①八年十二月：指元和八年（813）农历的十二月。
②蒿（hāo）棘：蒿草与荆棘，亦泛指野草。
③大寒岁：数九隆冬，天寒地冻。
④褐裘：以褐色面料做的皮衣。
⑤絁（shī）被：绸被。絁，一种粗绸。
⑥无垅亩勤：不干农活。

诗意解读

诗的大意是：元和八年的十二月，接连五天大雪纷纷，竹子柏树都被冻死，何况那缺衣的农民！遍观村里所有人家，十有八九户小家贫。寒风吹来好似利剑，衣衫单薄不能遮身。只有点燃蒿草取暖，终夜愁坐盼望清晨。我才知道大寒年岁，农人更加痛苦酸辛。反思自己在此时刻，紧紧关上草堂屋门。穿着皮袍盖着棉被，不论坐卧都有余温。庆幸免遭饥寒之苦，且又不必躬耕力勤。想起他们我很惭愧，叩问自己算是何人？

诗人通过描写酷寒季节农民生活的艰辛，并与自己的温饱相对照，深感不安和自愧，表达了对劳动人民的深深同情，也反映了自己作为一个基层官吏享受俸禄的惭愧不安之情。全诗语言通俗，叙写流畅，不事藻绘，纯用白描，诗境平易，情真意实。

苦 寒 吟

孟郊

天寒色青苍,北风叫枯桑。
厚冰无裂文①,短日有冷光。
敲石不得火,壮阴正夺阳。
苦调②竟何言,冻吟成此章。

大寒

词语解释

①文：通"纹"，纹路。
②调（diào）：声调，曲调。

诗意解读

诗人的一生，可谓是穷困潦倒，他的诗多数是写饥寒交迫的生活现状，倾诉穷人的心声以及自己内心的不平与苦闷。《苦寒吟》可以看作是诗人一生悲凉形象最真实的写照。寒冷的冬天里，除了寒冷还有凄苦之境况。没有这样的亲身经历是写不出如此深刻的文字的。天气寒冷，脸色皆变成了深青色，凛冽的北风呼啸在无叶的枯桑中。厚厚的冰坚硬着，没一点空隙，天上冰冷的太阳散发着寒冷的光芒，那惨淡的光敲打在冰层上，泛起冷冷的光，使人愈发感到寒苦。大地万物，阳气骤减，阴气肆虐，以致诗人心情凄苦，再加上身处抑郁的环境中，无话可说，只好忍受着寒冷写这几句话来描写此时此刻的情景。在这首诗里，诗人用极冷的色调，极苦的意味，刻意描写了一个阴冷死寂的境界和在这个境界中自己穷愁苦吟的形象，在此情此景中浮动着清冷凄苦的情思！